BANGUNLAH,
ISRAEL

"Matahari akan berubah menjadi gelap gulita
dan bulan menjadi darah
sebelum datangnya hari TUHAN
yang hebat dan dahsyat itu.
Dan barangsiapa
yang berseru kepada nama TUHAN
akan diselamatkan,
sebab di gunung Sion dan di Yerusalem
akan ada keselamatan,
seperti yang telah difirmankan TUHAN;
dan setiap orang yang dipanggil TUHAN
akan termasuk orang-orang yang terlepas."

(Yoel 2:31-32)

BANGUNLAH,
ISRAEL

Dr. Jaerock Lee

URIM
BOOKS

BANGUNLAH, ISRAEL oleh Dr. Jaerock Lee

Diterbitkan oleh Urim Books (Representatif: Seongkeon Vin)
235-3, Guro-dong 3, Guro-gu, Seoul, Korea
www.urimbook.com

Sebelumnya diterbitkan pada tahun 2007 ke dalam Bahasa Korea oleh Urim Books, Seoul, Korea.

Edisi Pertama Februari 2012

Diedit oleh Dr. Geumsun Vin
Dirancang oleh Biro Editorial Urim Books
Dicetak oleh Yewon Printing Company
Untuk informasi lebih lanjut hubungi urimbook@hotmail.com

KATA PENGANTAR

Pada awal abad ke-20, serangkaian peristiwa luar biasa terjadi di tanah tandus Palestina yang saat itu tidak seorang pun ingin tinggal di sana. Bangsa Yahudi yang telah tercerai-berai di sepanjang Eropa Timur, Rusia, dan seluruh penjuru bumi ini mulai berkumpul ke tanah yang dipenuhi onak, kemiskinan, kelaparan, penyakit dan penderitaan.

Walaupun tingkat kematian akibat malaria dan kelaparan cukup tinggi, bangsa Yahudi tidak kehilangan iman dan ambisi mereka yang besar melainkan mulai membangun kibbutz (sebuah tempat untuk bekerja di Israel, misalnya pertanian atau pabrik, di mana para pekerja tinggal bersama dan berbagi semua tugas dan penghasilan). Sama seperti Theodor Herzl, pendiri Zionisme moderen berkata, "Jika kau menginginkannya, hal itu bukanlah mimpi," pemulihan Israel menjadi kenyataan.

Dengan jujur, pemulihan Israel dianggap sebagai mimpi yang mustahil diraih dan tidak seorang pun yang mau mempercayainya. Namun, bangsa Yahudi memenuhi mimpi itu dan dengan lahirnya negara Israel secara ajaib mereka mendapatkan kembali negeri milik mereka sendiri untuk pertama kalinya setelah 1.900 tahun.

sekalipun mengalami penganiayaan dan penderitaan selama berabad-abad saat terserak di negeri lain, orang-orang Israel tetap berpegang teguh pada iman, budaya, dan bahasa mereka dan terus mengembangkannya. Setelah negara Israel modern berdiri, mereka menanami tanah tandus itu dan menekankan pada pengembangan beragam industri yang membuat mereka menjadi negara maju, dan merupakan orang-orang luar biasa yang telah bertahan dan berhasil di tengah berbagai tantangan dan ancaman terus-menerus terhadap keberlangsungan mereka sebagai sebuah bangsa.

Setelah pendirian Gereja Pusat Manmin pada tahun 1982, Allah telah menyingkapkan kepada saya dalam ilham dari Roh Kudus banyak hal tentang Israel karena kemerdekaan Israel adalah sebuah tanda di hari-hari terakhir dan pemenuhan nubuatan dalam Alkitab.

Dengarlah firman TUHAN, hai bangsa-bangsa,
beritahukanlah itu di tanah-tanah pesisir yang jauh,

katakanlah: Dia yang telah menyerakkan Israel akan
mengumpulkannya kembali, dan menjaganya seperti
gembala terhadap kawanan dombanya! (Yeremia
31:10).

Allah telah memilih bangsa Israel untuk menyingkapkan pemeliharaan-Nya yang telah menciptakan dan menanam manusia. Pertama-tama, Allah membuat Abraham sebagai sang "bapa iman" dan menetapkan Yakub, cucu Abraham, sebagai bapa Israel, dan Allah telah menyatakan kehendak-Nya bagi keturunan Yakun dan memenuhi rencana penanaman umat manusia.

Ketika Israel percaya pada firman Allah dan berjalan dalam ketaatan menurut kehendak-Nya, mereka akan menikmati kemuliaan dan kehormatan di atas segala bangsa. Namun, saat bangsa itu mejauhkan dirinya dari Allah dan tidak taat kepada-Nya, maka Israel menjadi sasaran dari berbagai penderitaan, termasuk serangan bangsa-bangsa asing dan orang-orangnya dipaksa untuk hidup sebagai pengembara di seluruh penjuru bumi.

Tetapi, bahkan ketika Israel menghadapi kesulitan-kesulitan akibat dosanya, Allah tidak pernah meninggalkan ataupun melupakan mereka. Israel selalu terikat kepada Allah melalui perjanjian-Nya dengan Abraham dan Allah tidak pernah berhenti bekerja bagi mereka.

Di bawah penjagaan dan bimbingan Allah yang luar biasa, Israel sebagai sebuah bangsa selalu terlindungi, memperoleh kemerdekaan, dan sekali lagi menjadi sebuah bangsa di atas segala bangsa. Bagaimana bisa bangsa Israel dilindungi dan mengapa Israel dpulihkan?

Banyak orang berkata, "Bertahannya bangsa Yahudi adalah suatu keajaiban." Karena tingkat penganiayaan dan tekanan yang dialami oleh orang-orang Yahudi selama Diaspora melampaui gambaran dan bayangan manusia, sejarah Israel sendiri membuktikan kebenaran Alkitab.

Namun, tingkat kesukaran dan penderitaan yang lebih besar akan dihadapi oleh bangsa Yahudi setelah Kedatangan Kembali Yesus Kristus yang Kedua. Tentu saja, orang-orang yang telah menerima Yesus sebagai Juru Selamat mereka akan diangkat ke udara dan mengambil bagian dalam Perjamuan Kawin dengan Tuhan. Namun, orang-orang yang saat itu belum menerima Yesus sebagai Juru Selamat mereka, tidak akan diangkat ke udara pada saat kedatangan-Nya kembali dan akan mengalami Kesusahan Besar selama tujuh tahun.

"Bahwa sesungguhnya hari itu datang, menyala seperti perapian, maka semua orang gegabah dan setiap orang yang berbuat fasik menjadi seperti jerami dan akan terbakar oleh hari yang datang itu," firman TUHAN semesta alam, "sampai tidak ditinggalkannya akar dan cabang mereka" (Maleakhi 4:1).

Allah telah menyingkapkan kepada saya dengan detil akan malapetaka-malapetaka yang akan terjadi selama tujuh tahun masa Kesusahan Besar. Karena itulah, merupakan kerinduan saya yang sangat mendalam agar bangsa Israel yang merupakan bangsa pilihan Allah menerima, tanpa menunda-nunda lagi, Yesus yang berjalan di bumi ini sekitar dua ribu tahun yang lali, sebagai Juru Selamat mereka sehingga tidak satu pun dari mereka yang akan ditinggalkan untuk menderita Kesusahan Besar.

Saya telah menulis dan mendedikasikan sebuah tulisan yang memberikan jawaban bagi kehausan Yahudi yang sudah ribuan tahun lamanya terhadap Mesias dan terhadap pertanyaan-pertanyaan lama yang selalu muncul.

Semoga masing-masing pembaca buku ini tergugah atas pesan kasih Allah yang sedemikian sedih dan tanpa menunda-nunda lagi segera bertemu Mesias yang telah Allah kirim bagi semua umat manusia!

Saya mengasihi setiap Anda dengan segenap hati saya.

Nopember 2007

Jaerock Lee

KATA SAMBUTAN

Saya mengucap segala syukur dan kemuliaan bagi Allah karena telah membimbing dan memberkati kami untuk menerbitkan *Bangunlah, Israel!* di hari-hari terakhir. Tulisan ini diterbitkan sesuai dengan kehendak Allah yang ingin membangunkan dan menyelamatkan Israel, dan dilaksanakan oleh kasih Allah yang tidak terukur dalamnya yang ingin agar tidak satu jiwa pun yang terhilang.

Bab 1 – "Israel: Bangsa Pilihan Allah," membahas tentang alasan penciptaan dan penanaman umat manusia di bumi ini yang dilakukan oleh Allah dan pemeliharaan-Nya yang memilih dan memerintah bangsa Israel sebagai bangsa pilihan-Nya dalam sejarah umat manusia. Bab ini juga memperkenalkan para bapa iman besar Israel dan juga Tuhan kita, yang datang ke dunia ini menurut nubuatan yang telah memberitahukan sebelumnya tentang kedatangan Juru Selamat semua manusia dari keturunan Daud.

Dengan menyelidiki nubuatan-nubuatan Alkitab mengenai Mesias, Bab 2, "Mesias yang Dikirim Allah," menyaksikan bahwa Yesus adalah Mesias yang kedatangan-Nya masih saja ditunggu dengan sangat oleh bangsa Israel, dan bagaimana Ia memenuhi kualifikasi sebagai Juru Selamat umat manusia menurut hukum penebusan tanah. Terlebih lagi, Bab kedua menyelidiki bagaimana nubuatan-nubuatan Perjanjian Lama tentang Mesias telah dipenuhi oleh Yesus dan hubungan antara sejarah Israel dan kematian Yesus.

Pada Bab ketiga, "Allah yang Dipercayai Orang Israel", melihat lebih dekat pada orang-orang Israel yang secara ketat menaati hukum Taurat dan tradisi-tradisinya, serta menjelaskan kepada mereka mengenai apa yang menyukakan Allah. Sebagai tambahan, mengingatkan mereka bahwa mereka telah menjauhkan diri mereka dari kehendak Allah karena tradisi para tetua yang mereka hasilkan, Bab ini mendesak mereka untuk mendalami kehendak sejati Allah dengan memberikan hukum Taurat kepada mereka pada mulanya dan memenuhi hukum itu dengan kasih.

Dalam Bab terakhir "Lihat dan Dengarlah!" akan dipelajari tentang masa kita, di mana Alkitab telah menubuatkannya sebagai "waktu penghabisan", dan juga pemunculan antikristus yang sudah dekat dan membahas tentang Tujuh-Tahun Kesusahan Besar. Dan lagi, dalam menyaksikan tentang dua rahasia Allah, yang telah dipersiapkan dalam kasih-Nya yang tidak terbatas bagi bangsa pilihan-Nya supaya Israel dapat mencapai keselamatan pada saat-saat terakhir penanaman umat manusia, bab terakhir meminta dengan sangat kepada orang Israel agar tidak membuang kesempatan terakhir untuk diselamatkan.

Ketika manusia pertama Adam melakukan dosa ketidaktaatan dan diusir keluar dari Taman Eden, Allah membuatnya tinggal di tanah Israel. Sejak saat itu, selama sejarah penanaman umat manusia, Allah telah menunggu ribuan tahun dan masih menunggu hari ini dengan harapan memperoleh anak-anak yang sejati.

Tidak ada waktu lagi untuk ditunda atau dibuang-buang. Semoga setiap dari Anda dapat menyadari bahwa masa kita hidup sekarang memang adalah hari-hari terakhir dan bersiap untuk menerima Tuhan kita yang akan datang sebagai Raja segala raja dan Tuhan atas segala tuan, dalam nama-Nya saya sungguh-sungguh berdoa.

Nopember 2007
Geum-sun Vin, Kepala Editor

DAFTAR ISI

Bab 3

Allah yang Dipercayai Orang Israel

Bab 4

Lihat dan Dengarlah!

Bintang Daud, simbol komunitas Yahudi, pada bendera Israel

Bab 1

ISRAEL:
BANGSA PILIHAN ALLAH

Dimulainya Penanaman Umat Manusia

Musa, pemimpin besar bangsa Israel yang membebaskan bangsanya dari perbudakan di Mesir dan membawa mereka ke Tanah Perjanjian Kanaan dan bertindak sebagai wakil Allah, memulai firman-Nya dalam Kitab Kejadian sebagai berikut:

Pada mulanya Allah menciptakan langit dan bumi (Kejadian 1:1).

Allah menciptakan langit dan bumi dan segala yang ada di dalamnya dalam enam hari, dan beristirahat pada, memberkati, serta menguduskan hari yang ketujuh. Lalu, mengapa Allah Sang Pencipta membuat alam semesta dan segala isinya? Mengapa Ia menciptakan manusia dan membuat banyak orang hidup di bumi ini setelah Adam?

Allah Mencari Orang-Orang yang Dapat Berbagi Kasih Dengan-Nya Selama-lamanya

Sebelum penciptaan langit dan bumi, Allah Yang Mahakuasa ada dalam alam semesta yang tidak terbatas sebagai terang yang disertai suara. Setelah lama dalam kesendirian, Allah rindu untuk

Israel: Bangsa Pilihan Allah

memiliki orang-orang yang dapat berbagi kasih dengan-Nya selama-lamanya.

Allah tidak saja memiliki sifat Ilahi yang menentukan Ia sebagai Sang Pencipta namun juga sifat manusia yang membuat-Nya dapat merasakan sukacita, kemarahan, kesedihan, dan kesenangan. Sehingga Ia rindu untuk memberi dan menerima kasih dengan orang lain. Di dalam Alkitab ada banyak referensi yang menunjukkan bahwa Allah memiliki sifat manusia. Ia berkenan dan senang akan perbuatan benar bangsa Israel (Ulangan 10:15; Mazmur 16:7), tetapi berduka dan menjadi marah kepada mereka saat mereka berdosa (Keluaran 32:10; Bilangan 11:1, 32:13).

Ada saat-saat di mana setiap orang ingin sendirian tetapi ia akan menjadi lebih bersukacita dan damai jika memiliki teman yang dapat menjadi tempatnya berbagi isi hatinya. Karena Allah memiliki sifat manusia, Ia rindu untuk memiliki orang-orang yang dengannya Ia dapat memberikan kasih-Nya, yang hatinya dapat Ia selami, dan demikian sebaliknya.

Bukankah akan membahagiakan dan menyentuh memiliki anak-anak yang dapat menyelami hati-Ku dan yang dengannya Aku dapat memberi dan menerima kasih di alam yang luas dan sangat besar ini?

Karenanya, pada saat yang ditentukan-Nya, Allah membuat rencana untuk memperoleh anak-anak sejati yang akan menyerupai Dia. Di saat terakhir, Allah tidak hanya menciptakan alam rohani tetapi juga alam jasmani di mana umat manusia akan hidup.

Sebagian orang mungkin merenungkan, "Ada begitu banyak pelayan surga dan malaikat di surga yang taat. Mengapa Allah bersusah-payah menciptakan manusia?" Selain beberapa malaikat, sebagian besar makhluk surgawi tidak memiliki sifat manusia yang paling penting di antara semua unsur yang diperlukan untuk memberi dan menerima kasih: kehendak bebas yang membuat mereka dapat memilih sesuai keinginan mereka sendiri. Makhluk-makhluk surgawi yang sedemikian sama seperti robot; mereka taat sesuai yang diperintahkan tetapi tanpa merasakan sukacita, kemarahan, kesedihan, atau kesenangan, mereka tidak dapat memberi dan menerima kasih yang berasal dari kedalaman hati mereka.

Misalkan ada dua orang anak dan salah satunya, tanpa pernah menunjukkan emosi, pendapat, atau kasihnya, berlaku taat dan melakukan dengan baik semua yang dikatakan kepadanya. Sementara anak yang lain, walaupun ia sering mengecewakan orangtuanya dari waktu ke waktu dengan kehendaknya sendiri, berlaku cepat bertobat dari kesalahan-kesalahannya, bergantung pada kasih orangtuanya, dan mengungkapkan isi hatinya dengan berbagai cara.

Dari antara keduanya, siapakah yang lebih anda sukai? Anda pasti akan lebih memilih yang kedua. Bahkan jika Anda memiliki robot yang melakukan segala tugas bagi Anda, tidak akan ada dari Anda yang lebih memilih robot itu daripada anak-anak Anda sendiri. Sama halnya, Allah lebih memilih manusia

5

yang dengan senang hati menaati-Nya dengan akal dan emosinya, daripada para pelayan surga dan malaikat yang seperti robot.

Pemeliharaan Allah untuk Memperoleh Anak-Anak Sejati

Setelah menciptakan manusia pertama Adam, Allah lalu menciptakan Taman Eden dan membuatnya memerintah di situ. Segala sesuatunya berlimpah di Taman Eden dan Adam memerintah atas segala hal dengan kehendak bebasnya dan autoritas yang diberikan Allah kepadanya. Namun, ada satu hal yang Allah larangkan kepadanya.

Semua pohon dalam taman ini boleh kaumakan buahnya dengan bebas; tetapi pohon pengetahuan tentang yang baik dan yang jahat itu, janganlah kaumakan buahnya, sebab pada hari engkau memakannya, pastilah engkau mati (Kejadian 2:16-17).

Ini adalah tatanan yang Allah tetapkan antara Allah Sang Pencipta dan umat manusia yang merupakan makhluk ciptaan, dan Ia menginginkan agar Adam menaati Dia dalam kehendak bebasnya dan dari kedalaman hatinya. Namun setelah lama berlalu, Adam gagal memegang firman Allah dan melakukan dosa ketidaktaatan dengan memakan buah dari pohon pengetahuan tentang yang baik dan yang jahat.

Di dalam Kejadian 3 ada adegan di mana ular, yang dihasut oleh Setan bertanya kepada Hawa, "Tentulah Allah berfirman: 'Semua pohon dalam taman ini jangan kamu makan buahnya,' bukan?" Hawa menjawab, "Buah pohon-pohonan dalam taman ini boleh kami makan, tetapi tentang buah pohon yang ada di tengah-tengah taman," Allah berfirman: "Jangan kamu makan ataupun raba buah itu, nanti kamu mati."

Allah dengan jelas mengatakan kepada Hawa, "Pada hari engkau memakannya, pastilah engkau mati," tetapi ia mengubah perintah Allah dan berkata, "Nanti kamu mati."

Setelah menyadari bahwa Hawa tidak memasukkan ke hati perintah Allah tersebut, ular menjadi semakin agresif dengan godaannya. "Sekali-kali kamu tidak akan mati!" katanya kepada Hawa. "Karena Allah mengetahui, bahwa pada waktu kamu memakannya matamu akan terbuka, dan kamu akan menjadi seperti Allah, tahu tentang yang baik dan yang jahat."

Ketika Setan menghembuskan ketamakan dalam pikiran perempuan itu, pohon pengetahuan tentang yang baik dan yang jahat mulai terlihat berbeda di matanya. Pohon itu kelihatan baik dimakan, dan enak untuk dilihat, dan pohon itu menggiurkan untuk membuatnya menjadi bijak. Hawa memakan buahnya dan memberikan sebagian kepada suaminya, yang juga memakannya.

Beginilah mulanya Adam dan Hawa melakukan dosa ketidaktaatan terhadap firman Allah dan pasti akhirnya menghadapi kematian (Kejadian 2:17).

Di sini, "kematian" bukan merujuk pada kematian daging di mana manusia berhenti bernafas, melainkan pada kematian rohani. Setelah memakan buah dari pohon pengetahuan tentang yang baik dan yang jahat, Adam melahirkan anak-anak dan mati pada usia 930 tahun (Kejadian 5:2-5). Dari ini saja kita dapat mengetahui bahwa "kematian" di sini bukan merujuk pada kematian jasmani.

Manusia pada mulanya diciptakan sebagai perpaduan roh, jiwa, dan tubuh. Ia memiliki roh yang membuatnya dapat berkomunikasi dengan Allah; jiwa yang berada dalam kendali roh; dan tubuh yang berfungsi sebagai tempat bagi roh dan jiwa. Karena mengabaikan perintah Allah dan melakukan dosa, maka roh menjadi mati dan komunikasi dengan Allah juga menjadi rusak, ini adalah "kematian" yang dikatakan oleh Allah dalam Kejadian 2:17.

Setelah mereka berbuat dosa, Adam dan Hawa diusir keluar dari Taman Eden yang indah dan berlimpah-limpah. Demikianlah dimulai penderitaan bagi semua umat manusia. Rasa sakit saat melahirkan menjadi berlipat ganda bagi perempuan yang kini menjadi berahi kepada suaminya dan dikuasai olehnya, sementara laki-laki harus mencari makan dari tanah yang dikutuk dan bersusah payah seumur hidupnya (Kejadian 3:16-17).

Tentang hal ini Kejadian 3:23 mengatakan kepada kita, *"Lalu TUHAN Allah mengusir dia dari taman Eden supaya ia mengusahakan tanah dari mana ia diambil."* Di sini, "mengusahakan tanah" melambangkan bukan hanya susah payahnya manusia mencari rezeki dari tanah tetapi juga pada fakta bahwa ia – yang dibuat dari debu tanah – juga harus "mengusahakan hatinya" saat hidup di bumi.

Penanaman Umat Manusia Dimulai dengan Berdosanya Adam

Adam diciptakan sebagai makhluk hidup dan tidak memiliki kejahatan di dalam hatinya, sehingga ia tidak perlu mengusahan hatinya. Namun setelah ia berbuat dosa, hati Adam dicemari dengan ketidakbenaran dan kemudian ia perlu mengusahakan hatinya agar menjadi hati yang bersih seperti sebelum saat ia berbuat dosa.

Demikianlah, Adam harus mengusahakan hatinya yang telah menjadi rusak oleh ketidakbenaran dan dosa menjadi hati yang bersih dan datang sebagai anak Allah yang sejati setelah ia berdosa. Saat Alkitab mengatakan, "Allah mengusir dia keluar dari Taman Eden untuk mengusahakan tanah dari mana ia diambil," maksudnya adalah tentang hal ini, dan dirujuk sebagai "penanaman umat manusia yang dilakukan Allah."

Biasanya, "penanaman" merujuk pada prosedur di mana petani menabur benih, merawat tanamannya dan menuai buahnya. Untuk dapat "menanam" umat manusia di bumi dan memperoleh buah yang baik yang berarti "anak-anak sejati

9

Allah", Allah menaburkan benih yang pertama, yaitu Adam dan Hawa. Melalui Adam dan Hawa yang melanggar perintah Allah, banyak anak-anak dilahirkan dan melalui penanaman Allah atas umat manusia, banyak yang dilahirkan kembali sebagai anak-anak Allah dengan mengusahakan hati mereka dan memulihkan gambar Allah yang hilang.

Demikianlah, "Penanaman umat manusia yang dilakukan Allah" merujuk pada seluruh proses di mana Allah mengatur dan memerintah sejarah umat manusia, mulai dari penciptaannya sampai Penghakiman, untuk memperoleh anak-anak sejati-Nya.

Sama seperti petani mengatasi banjir, kekeringan, cuaca beku, hujan es, dan hama setelah pertama-tama menabur benih dan menuai buah yang indah dan menyenangkan pada akhirnya, Allah telah mengendalikan segalanya untuk memperoleh anak-anak sejati yang akan maju setelah mengalami kematian, penyakit, perpisahan, dan berbagai penderitaan lainnya selama hidup mereka di dunia ini.

Alasan Mengapa Allah Menempatkan Pohon Pengetahuan Tentang yang Baik dan yang Jahat di Taman Eden

Sebagian orang bertanya, "Mengapa Allah menempatkan pohon pengetahuan tentang yang baik dan yang jahat yang membuat manusia jadi berdosa dan membawa pada kehancuran?" Namun, alasan mengapa Allah menempatkan pohon pengetahuan tentang yang baik dan yang jahat adalah karena pemeliharaan Allah yang indah yang akan membawa manusia untuk menyadari tentang 'relativitas'.

Kebanyakan orang berpikiran bahwa Adam dan Hawa pastilah selalu bahagia tinggal di Taman Eden karena tidak ada airmata, kesedihan, penyakit, atau penderitaan di sana. Tetapi Adam dan Hawa tidak mengetahui tentang kebahagiaan dan kasih yang sebenarnya karena mereka tidak mengerti tentang relativitas di Taman Eden.

Misalnya, bagaimana dua orang anak akan bereaksi dalam menerima mainan yang sama jika satu anak dilahirkan dan dibesarkan dalam keluarga yang kaya raya dan lainnya dalam keluarga yang berkekurangan? Anak yang kedua akan lebih bersyukur dan bersukacita dari kedalaman hatinya daripada anak yang berlatar-belakang kaya raya.

Jika Anda memahami nilai sejati dari sesuatu, Anda harus mengetahui dan mengalami tepat kebalikannya. Hanya jika Anda telah menderita penyakit barulah Anda akan dapat menghargai nilai sejati dari kesehatan. Hanya jika Anda telah mengetahui tentang maut dan neraka, maka Anda akan dapat menghargai nilai dari hidup kekal dan berterima-kasih kepada Allah Pengasih dari dalam hati karena telah memberikan kepada Anda surga kekal.

Di Taman Eden yang berlimpah-limpah, manusia pertama Adam menikmati segala sesuatu yang diberikan Allah kepadanya, bahkan autoritas untuk memerintah atas segala makhluk lainnya. Namun, karena mereka bukanlah buah dari kerja keras dan keringatnya, Adam tidak dapat sepenuhnya menangkap pentingnya mereka atau menghargai Allah tentangnya. Barulah setelah Adam diusir ke dalam dunia ini dan mengalami airmata, kesedihan, penyakit, penderitaan, kemalangan, dan kematian, maka ia menyadari perbedaan antara sukacita dan kesedihan dan betapa berharganya kebebasan dan kemakmuran yang telah Allah berikan di Taman Eden.

Apa gunanya kehidupan kekal bagi kita jika kita tidak mengenal sukacita atau kesedihan? Walaupun kita menghadapi kesulitan-kesulitan untuk sesaat, jika kita kemudian menyadari dan berkata, "Ini adalah sukacita!" maka hidup kita akan menjadi jauh lebih berharga dan diberkati.

Apakah ada orangtua yang tidak akan mengirim anaknya ke sekolah dan tetap membiarkannya di rumah hanya karena mereka tahu bahwa belajar itu sulit? Jika orangtua sungguh-sungguh menyayangi anaknya, mereka akan mengirimkan anaknya ke sekolah dan membantu mereka untuk mempelajari hal sulit dengan tekun dan untuk mengalami berbagai hal sehingga mereka akan membangun masa depan yang lebih baik.

Hati Allah, yang menciptakan umat manusia dan telah menanam mereka, sama seperti itu. Untuk alasan itulah, Allah menempatkan pohon pengetahuan tentang yang baik dan yang jahat, dan tidak mencegah Adam dari memakan buah itu atas kehendak bebasnya, dan membiarkannya mengalami sukacita, kemarahan, kesedihan, dan kesenangan selama waktu penanaman umat manusia. Ini karena manusia dapat mengasihi dan menyembah Allah, yang adalah kasih dan kebenaran itu Sendiri, dari dalam hati mereka hanya setelah ia mengalami relativitas dan menyelami kasih sejati, sukacita dan rasa syukur.

Melalui proses penanaman umat manusia, Allah ingin memperoleh anak-anak yang sejati yang telah mengetahui isi hati-Nya dan menyerupainya, serta untuk hidup bersama dengan mereka di surga berbagi kasih kekal dan sejati dengan mereka selama-lamanya.

Penanaman Umat Manusia Dimulai di Israel

Ketika manusia pertama Adam diusir keluar dari Taman Eden setelah tidak menaati firman Allah, ia tidak diberikan hak untuk memilih tanah untuk dia tinggali melainkan Allah yang menentukan daerah baginya. Daerah itu adalah Israel.

Dalam hal ini terdapat kehendak dan pemeliharaan Allah. Setelah membuat rencana agung penanaman umat manusia, Allah memilih orang-orang Israel sebagai contoh penanaman umat manusia. Untuk alasan itu Allah secara spesifik membuat Adam menjalani kehidupan baru di tanah di mana bangsa Israel akan dibangun.

Setelah waktu berlalu, banyak bangsa yang berasal dari keturunan Adam dan bangsa Israel dibangun pada masa Yakub, seorang keturunan Adam. Allah rindu untuk mengungkapkan kemuliaan dan pemeliharaan-Nya atas penanaman umat manusia melalui sejarah Israel. Hal itu bukan hanya bagi orang Israel melainkan juga bagi semua orang di seluruh dunia. Karenanya, sejarah Israel di mana Allah Sendiri yang telah mengaturnya, bukan merupakan sekedar sejarah suatu bangsa melainkan sebuah pesan ilahi bagi semua umat manusia.

Lalu, mengapa Allah memilih Israel sebagai contoh penanaman umat manusia? Itu karena karakter mereka yang superior, dengan kata lain keberadaan dalam diri mereka yang unggul.

Bangsa Israel adalah keturunan dari 'bapa iman' Abraham yang sangat berkenan kepada Allah, dan juga merupakan keturunan Yakub yang begitu ulet sehingga ia bergumul dengan Allah dan menang. Inilah sebabnya, bahkan setelah kehilangan kampung halaman mereka dan hidup dalam pengembaraan selama berabad-abad, orang-orang Israel tidak kehilangan identitas mereka.

Di atas segalanya, selama ribuan tahun bangsa Israel telah melestarikan firman Allah yang telah dinubuatkan melalui para hamba Allah dan hidup menurut firman itu. Tentu saja, ada waktu-waktu di mana seluruh bangsa itu menjauhkan dirinya dari firman Allah dan berdosa terhadap Dia tetapi pada akhirnya mereka selalu bertobat dan berbalik kepada Allah. Mereka tidak pernah kehilangan iman mereka dalam TUHAN Allah.

Restorasi dan kemerdekaan Israel pada abad ke-20 jelas menunjukkan hati seperti apa yang dimiliki oleh para keturunan Yakub itu.

Yehezkiel 38:8 berkata kepada kita, *"Sesudah waktu yang*

lama sekali engkau akan mendapat perintah; pada hari yang terkemudian engkau akan datang di sebuah negeri yang dibangun kembali sesudah musnah karena perang, dan engkau menuju suatu bangsa yang dikumpul dari tengah-tengah banyak bangsa di atas gunung-gunung Israel yang telah lama menjadi reruntuhan. Bangsa ini telah dibawa ke luar dari tengah bangsa-bangsa dan mereka semuanya diam dengan aman tenteram." Di sini, "pada hari yang terkemudian" merujuk pada waktu penghabisan di mana penanaman umat manusia akan semakin menuju penutupannya dan "gunung-gunung Israel" menandakan kota Yerusalem, yang berada hampir 760 m (2.494 kaki) di atas permukaan laut.

Karenanya, ketika Nabi Yehezkiel berkata bahwa banyak *"orang [akan] berkumpul dari banyak bangsa ke gunung-gunun Israel,"* maksudnya adalah bahwa orang-orang Israel akan berkumpul dari seluruh dunia dan memulihkan keadaan Israel. Menurut firman Allah ini, Israel, yang telah dihancurkan oleh Bangsa Romawi pada tahun 70 M, menyatakan berdirinya negaranya pada 14 Mei 1948. Negeri itu dulu tidak ada apa-apanya selain "kesia-siaan terus menerus" tetapi sekarang, Israel membangun bangsa yang kuat yang tidak dapat dengan mudah diremehkan atau ditantang bangsa lain.

Tujuan Allah Memilih Israel

Mengapa Allah memulai penanaman umat manusia di Israel? Mengapa Allah memilih bangsa Israel, dan mengatur sejarah

Israel?

Pertama, Allah hendak menyatakan kepada segala bangsa melalui sejarah Israel bahwa Ialah Pencipta langit dan bumi, bahwa hanya Ia Allah yang sejati, dan bahwa Ia hidup. Dengan mempelajari sejarah Israel, bahkan bangsa-bangsa bukan Yahudi dapat dengan mudah merasakan kehadiran Allah dan menyelami pemeliharaan-Nya untuk memerintah sejarah umat manusia.

Maka segala bangsa di bumi akan melihat, bahwa nama TUHAN telah disebut atasmu, dan mereka akan takut kepadamu (Ulangan 28:10).

Berbahagialah engkau, hai Israel; siapakah yang sama dengan engkau? Suatu bangsa yang diselamatkan oleh TUHAN, perisai pertolongan dan pedang kejayaanmu! Sebab itu musuhmu akan tunduk menjilat kepadamu, dan engkau akan berjejak di bukit-bukit mereka (Ulangan 33:29).

Bangsa pilihan Allah, Israel, telah menikmati hak istimewa yang besar, dan kita dapat dengan mudah menemukannya dari sejarah Israel.

Sebagai contoh, ketika Rahab menerima kedua orang yang dikirim Yosua untuk memata-matai tanah Kanaan, ia berkata kepada mereka, *"Sebab kami mendengar, bahwa TUHAN telah mengeringkan air Laut Teberau di depan kamu, ketika kamu berjalan keluar dari Mesir, dan apa yang kamu lakukan kepada kedua raja orang Amori yang di seberang sungai Yordan itu, yakni kepada Sihon dan Og, yang telah kamu tumpas. Ketika kami mendengar itu, tawarlah hati kami dan jatuhlah semangat setiap orang menghadapi kamu, sebab TUHAN, Allahmu, ialah Allah di langit di atas dan di bumi di bawah"* (Yosua 2:10-11).

Selama pembuangan Israel di Babel, Daniel berjalan dengan Allah dan Nebukadnezar Raja Babel mengalami Allah yang berjalan bersama Daniel. Setelah sang raja mengalami Allah, ia hanya dapat *"memuji, meninggikan dan memuliakan Raja Sorga, yang segala perbuatan-Nya adalah benar dan jalan-jalan-Nya adalah adil, dan yang sanggup merendahkan mereka yang berlaku congkak"* (Daniel 4:37).

Hal yang sama terjadi saat Israel sedang dalam kekuasaan Persia. Setelah melihat bahwa Allah Yang Hidup bekerja dan menanggapi doa Ratu Ester, *"banyak dari antara rakyat negeri itu masuk Yahudi, karena mereka ditimpa ketakutan kepada orang Yahudi"* (Ester 8:17).

Demikianlah, ketika bangsa-bangsa bukan Yahudi mengalami Allah Yang Hidup yang bekerja bagi Israel, mereka menjadi takut dan menyembah Allah. Dan bahkan para anak-cucu, kita, jadi mengenal keagungan Allah dan menyembahnya dari peristiwa-peristiwa dan contoh seperti itu.

Kedua, Allah memilih Israel dan membimbing orang-orangnya karena Ia menginginkan agar semua umat manusia menyadari lewat sejarah Israel mengenai alasan Ia menciptakan manusia dan menanam mereka.

Allah menanam umat manusia karena Ia ingin memperoleh anak-anak yang sejati. Anak sejati Allah adalah orang yang menyerupai Allah yang merupakan intisari dari kebaikan dan kasih, dan adalah benar serta kudus. Itu karena anak-anak Allah yang demikian mengasihi Dia dan hidup menurut kehendak-Nya.

Saat Israel hidup menurut perintah Allah dan melayani Dia, Allah membuat Israel di atas segala suku dan bangsa. Sebaliknya, saat orang Israel menyembah berhala dan cepat mengabaikan perintah Allah, mereka menjadi sasaran berbagai penderitaan dan malapetaka seperti perang dan bencana alam atau bahkan pembuangan.

Melalui setiap langkah dari proses tersebut, bangsa Israel belajar untuk merendahkan diri mereka di hadapan Allah, dan setiap kali mereka merendahkan diri maka Allah akan memulihkan mereka dengan belas kasihan dan kasih-Nya yang tidak pernah gagal dan membawa mereka ke dalam tangan anugerah-Nya.

Saat Raja Salomo mengasihi Allah dan memegang perintah-perintah-Nya, ia menikmati kemuliaan dan kemegahan besar, tetapi saat sang raja mulai menjauh dari Allah dan menyembah berhala, kemuliaan dan kemegahan yang ia nikmati memudar.

Saat raja-raja Israel seperti Daud, Yosafat, dan Hizkia berjalan dalam hukum Allah, negeri itu menjadi berkuasa dan makmur, tetapi lemah dan menjadi sasaran serangan bangsa-bangsa asing selama pemerintahan raja-raja yang menjauh dari jalan Allah.

Sejarah bangsa Israel dengan jelas menyingkapkan kehendak Allah seperti ini dan berlaku sebagai cermin yang merefleksikan kehendak Allah terhadap semua orang dan bangsa. Kehendak-Nya menyatakan bahwa saat orang-orang yang terbentuk dalam gambaran dan serupa dengan Allah menjaga perintah-perintah-Nya dan dikuduskan menurut firman-Nya, mereka akan menerima berkat-berkat Allah dan hidup dalam perkenan-Nya.

Israel yang dipilih untuk menyingkapkan pemeliharaan Allah di antara berbagai suku dan bangsa, dan telah menerima berkat yang luar biasa melalui pelayanan terhadap-Nya sebagai bangsa yang bertugas memegang firman Allah. Bahkan saat orang-orangnya berdosa, Allah mengampuni mereka dari dosa-dosa mereka dan memulihkan mereka kembali selama mereka bertobat dengan merendahkan diri, sama seperti yang telah Ia janjikan kepada nenek moyang mereka.

Di atas segalanya, berkat terbesar yang Allah janjikan dan berikan kepada bangsa pilihan-Nya adalah janji indah kemuliaan bahwa Mesias akan datang dari antara mereka.

Para Bapa yang Besar

Sepanjang sejarah umat manusia yang panjang, Allah telah melindungi Israel dalam naungan sayap-Nya dan mengirimkan para hamba Allah pada waktu yang ditetapkan-Nya sehingga nama Israel tidak akan musnah. Para hamba Allah adalah orang-orang yang maju sebagai buah yang baik dari pemeliharaan dalam penanaman umat manusia yang dilakukan oleh Allah dan setia pada firman Allah dengan kasih kepada-Nya. Allah meletakkan dasar dari bangsa Israel melalui para bapa Israel yang besar.

Abraham, Bapa Iman

Abraham ditandai sebagai bapa iman oleh iman dan ketaatannya, dan melahirkan sebuah bangsa yang besar. Ia dilahirkan kira-kira pada empat ribu tahun yang lalu di Ur wilayah Kaldea, dan setelah ia dipanggil oleh Allah ia memenangkan kasih dan pengakuan Allah sampai pada titik dipanggil "sahabat" oleh-Nya.

Allah memanggil Abraham dan memberinya janji berikut ini:

Pergilah dari negerimu dan dari sanak saudaramu dan dari rumah bapamu ini ke negeri yang akan Kutunjukkan kepadamu; Aku akan membuat engkau menjadi bangsa yang besar, dan memberkati engkau serta membuat namamu masyhur; dan engkau akan menjadi berkat (Kejadian 12:1-2).

Pada saat itu Abraham sudah tidak lagi muda, tidak memiliki keturunan sebagai ahli waris, dan sama sekali tidak tahu kemana dia akan pergi, sehingga, bukanlah merupakan hal yang mudah baginya untuk taat. Walaupun ia tidak tahu akan menuju kemana, namun Abraham maju terus karena ia percaya sepenuhnya dan hanya pada firman Allah yang tidak pernah melanggar janji-Nya sama sekali. Demikianlah, Abraham berjalan oleh iman dalam segala sesuatu yang ia lakukan, dan selama masa hidupnya ia menerima semua berkat yang Allah telah janjikan.

Abraham tidak hanya menunjukkan kepada Allah ketaatan yang sempurna dan perbuatan iman tetapi selalu mengejar kebaikan dan kedamaian dengan orang-orang di sekitarnya.

Sebagai contoh, saat Abraham meninggalkan Haran sesuai dengan perintah Allah, keponakannya Lot ikut bersamanya. Ketika harta milik mereka menjadi begitu banyak, Abraham dan Lot tidak dapat lagi tinggal di tanah yang sama. Tidak cukupnya padang rumput dan air membuat terjadinya *"perselisihan antara gembala-gembala yang menjaga ternak Abraham dan gembala-gembala Lot"* (Kejadian 13:7). Walaupun Abraham jauh lebih tua, ia tidak mencari atau memaksakan keuntungannya sendiri. Ia menyerahkan kepada keponakannya Lot untuk memilih daerah yang lebih baik. Ia berkata kepada Lot di dalam Kejadian 13:9, *"Bukankah seluruh negeri ini terbuka untuk engkau? Baiklah pisahkanlah dirimu dari padaku; jika engkau ke kiri, maka aku ke kanan; atau jika engkau ke kanan, maka aku akan ke kiri."*

Dan karena Abraham adalah seorang yang memiliki hati yang bersih, ia tidak mengambil sepotong benang atau sehelai tali kasut pun yang merupakan milik orang lain (Kejadian 14:23). Ketika Allah memberitahunya tentang kota Sodom dan Gomora yang tenggelam dalam dosa akan dihancurkan, Abraham, seorang manusia yang memiliki kasih rohani, memohon kepada Allah dan menerima janji-Nya bahwa Ia tidak akan menghancurkan Sodom jika ada sepuluh orang benar di dalamnya.

Kebaikan dan iman Abraham sempurna hingga pada titik taat pada perintah Allah yang meminta nyawa anak satu-satunya sebagai korban bakaran.

Dalam Kejadian 22:2, Allah memerintahkan kepada Abraham, *"Ambillah anakmu yang tunggal itu, yang engkau kasihi, yakni Ishak, pergilah ke tanah Moria dan persembahkanlah dia di sana sebagai korban bakaran pada salah satu gunung yang akan Kukatakan kepadamu."*

Ishak adalah anak laki-laki yang dilahirkan bagi Abraham saat usianya seratus tahun. Sebelum Ishak lahir, Allah telah mengatakan kepada Abraham bahwa keturunan yang berasal darah dagingnya sendirilah yang akan menjadi ahli warisnya dan jumlah keturunannya akan sama banyak dengan bintang-bintang. Seandainya Abraham mengikuti pikiran kedagingan, ia tidak akan dapat menerima perintah Allah dan mempersembahkan Ishak sebagai korban bakaran. Namun, Abraham langsung taat tanpa menanyakan alasannya sama sekali.

Di saat Abraham mengulurkan tangannya untuk menyembelih Ishak setelah mendirikan mezbah, malaikat Allah memanggilnya dan berkata, *"Abraham, Abraham! Jangan bunuh anak itu dan jangan kauapa-apakan dia, sebab telah Kuketahui sekarang, bahwa engkau takut akan Allah, dan engkau tidak segan-segan untuk menyerahkan anakmu yang tunggal kepada-Ku."*

Karena ia tidak pernah mengandalkan pemikiran-pemikiran kedagingannya, tidak ada konflik atau kecemasan di dalam hati Abraham dan ia hanya dapat taat pada perintah Allah oleh imannya. Ia menempatkan seluruh kepercayaannya kepada Allah yang setia yang pasti memenuhi segala sesuatu yang telah dijanjikan-Nya, Allah Yang Mahakuasa yang membangkitkan orang mati, dan Allah Pengasih yang rindu untuk memberikan hanya hal-hal yang baik bagi anak-anak-Nya. Karena hati Abraham tidak lain daripada ketaatan dan menunjukkan tindakan iman, maka Allah menerima Abraham sebagai bapa iman.

Karena engkau telah berbuat demikian, dan engkau tidak segan-segan untuk menyerahkan anakmu yang tunggal kepada-Ku, maka Aku akan memberkati engkau berlimpah-limpah dan membuat keturunanmu sangat banyak seperti bintang di langit dan seperti pasir di tepi laut, dan keturunanmu itu akan menduduki kota-kota musuhnya. Oleh keturunanmulah semua bangsa di bumi akan mendapat berkat, karena engkau mendengarkan Suara-Ku (Kejadian 22:16-18).

Karena Abraham memiliki jenis serta derajat kebaikan dan iman yang menyenangkan Allah, ia dipanggil "sahabat" Allah dan diakui sebagai bapa iman. Juga, ia menjadi bapa bagi segala bangsa dan sumber dari segala berkat seperti yang dijanjikan oleh Allah kepadanya saat Ia pertama kali memanggil Abraham, *"Aku akan memberkati orang-orang yang memberkati engkau, dan mengutuk orang-orang yang mengutuk engkau, dan olehmu semua kaum di muka bumi akan mendapat berkat"* (Kejadian 12:3).

Pemeliharaan Allah Melalui Yakub, Bapa Israel, dan Yusuf Sang Pemimpi

Ishak dilahirkan bagi Abraham sang bapa iman dan baginya lahir dua orang anak laki-laki, Esau dan Yakub. Allah memilih Yakub, yang hatinya lebih superior daripada kakak laki-lakinya, sejak saat ia masih dalam kandungan ibunya. Yakub kemudian dipanggil "Israel" dan menjadi nenek moyang bangsa Israel dan bapa dari Kedua Belas Suku.

Yakub sangat menginginkan berkat Allah dan hal-hal rohani

sampai ia membeli hak kesulungan saudaranya, Esau, dengan semangkuk kacang merah dan merebut berkatnya dengan menipu Ishak ayahnya. Yakub memiliki sifat licik dalam dirinya tetapi Allah tahu bahwa jika Yakub telah berubah, ia akan menjadi bejana yang baik. Karena itulah, Allah membiarkan Yakub mengalami pembentukan selama dua puluh tahun sehingga ego dirinya akan dihancurkan sepenuhnya dan ia dapat menjadi rendah hati.

Saat Yakub merebut hak kesulungan Esau dengan cara licik, Esau mencoba membunuhnya dan Yakub harus melarikan diri darinya. Setelah itu, Yakub tinggal di rumah pamannya Laban dan menggembalakan kambing domba. Ia harus bekerja keras merawat kambing domba pamannya. Maka ia berkata dalam Kejadian 31:40, *"Aku dimakan panas hari waktu siang dan kedinginan waktu malam, dan mataku jauh dari pada tertidur."*

Allah membalas masing-masing orang sesuai dengan apa yang ditaburnya. Ia melihat bahwa Yakub melakukan hal itu dengan setia, dan memberkatinya dengan kekayaan yang besar. Ketika Allah menyuruhnya untuk kembali ke kampung halamannya, Yakub meninggalkan Laban dan pulang ke rumahnya dengan keluarga dan harta miliknya. Saat mencapai Sungai Yabok, Yakub mendengar bahwa saudaranya Esau ada di seberang sungai dengan empat ratus anak buah.

Yakub tidak dapat kembali ke rumah Laban karena perjanjian yang sudah dibuatnya dengan pamannya itu. Dia juga tidak dapat menyeberangi sungai dan maju menemui Esau yang dibakar oleh kemarahan. Karena berada dalam situasi sulit, Yakub tidak lagi

Israel: Bangsa Pilihan Allah

mengandalkan hikmatnya tetapi menyerahkan segala sesuatu kepada Allah dalam doa. Setelah menyingkirkan semua kerangka pikirannya sendiri, Yakub dengan sungguh-sungguh memohon kepada Allah dalam doa sampai sendi pangkal pahanya terpelecok.

Yakub bergumul dengan Allah dan menang, maka Allah memberkati dia dengan berkata, *"Namamu tidak akan disebutkan lagi Yakub, tetapi Israel, sebab engkau telah bergumul melawan Allah dan manusia, dan engkau menang"* (Kejadian 32:28). Kemudian Yakub dapat berdamai juga dengan saudaranya Esau.

Alasan mengapa Allah memilih Yakub adalah karena ia sangat gigih dan jujur sehingga melalui berbagai pembentukan, ia akan dapat menjadi bejana yang baik untuk memainkan peranan penting dalam sejarah Israel.

Yakub memiliki dua belas anak laki-laki dan mereka menjadi pondasi untuk membentuk bangsa Israel. Namun, karena mereka baru menjadi sebuah suku saja, Allah berencana untuk menempatkan mereka dalam jajahan Mesir, yang merupakan sebuah negara yang kuat, sampai keturunan-keturunan Yakub dapat menjadi bangsa yang besar.

Rencana ini adalah kasih Allah yang hendak melindungi mereka dari bangsa-bangsa lain. Orang yang dipercayai dengan tugas monumental ini adalah Yusuf, yang merupakan anak ke-11 Yakub.

Di antara kedua belas anaknya, Yakub sangat mengasihi Yusuf

yang dibuatkannya pakaian yang maha indah. Yusuf menjadi sasaran kebencian dan iri hati saudara-saudaranya dan kemudian dijual dalam perbudakan ke Mesir pada usia tujuh belas tahun oleh saudara-saudaranya. Tetapi ia tidak pernah mengeluh atau mendendam kepada mereka.

Yusuf dijual ke rumah Potifar, perwira Firaun, kapten para pengawal. Di sana ia bekerja dengan rajin dan setia dan memenangkan perkenan serta kepercayaan Potifar. Karenanya, Yusuf menjadi kepala rumah tangga Potifar dan dipercayai dengan segala hal dalam rumahnya.

Namun, timbul sebuah masalah. Yusuf adalah seorang pemuda yang tampan dan istri tuannya mulai menggodanya. Yusuf adalah orang yang lurus dan sungguh takut akan Allah, sehingga ketika perempuan itu menggodanya, ia dengan tegas berkata kepadanya, *"Bagaimanakah mungkin aku melakukan kejahatan yang besar ini dan berbuat dosa terhadap Allah?"* (Kejadian 39:9).

Akhirnya, akibat tuduhan-tuduhannya yang tidak beralasan, Yusuf dipenjarakan di tempat para tahanan raja. Walaupun di dalam penjara, Allah tetap menyertai Yusuf, dan dengan berkat Allah pada dirinya, Yusuf segera mendapat kepercayaan untuk mengawasi "apa pun yang terjadi" di dalam penjara.

Dari hal-hal seperti itu, akhirnya Yusuf dapat memperoleh hikmat yang kemudian membuatnya mampu menjalankan sebuah negara, menanamkan disposisi politiknya, dan menjadi bejana yang baik yang dapat merangkul banyak orang di hatinya.

Israel: Bangsa Pilihan Allah

Setelah menafsirkan mimpi Firaun dan bahkan menawarkan solusi bijak terhadap masalah yang akan dihadapi Firaun dan bangsanya, Yusuf menjadi penguasa Mesir satu tingkat di bawah Firaun. Demikianlah, oleh pemeliharaan Allah yang mendalam dan melalui berbagai pembentukan yang diberikan kepada Yusuf, Allah menempatkan Yusuf pada posisi perdana menteri di usia tiga puluh tahun pada salah satu bangsa paling berkuasa di dunia saat itu.

Sama seperti yang diramalkan oleh Yusuf atas mimpi Firaun, tujuh tahun kelaparan melanda Timur Dekat termasuk Mesir dan, karena ia sudah membuat persiapan untuk peristiwa itu, Yusuf dapat menyelamatkan semua orang Mesir. Saudara-saudara Yusuf datang ke Mesir untuk mencari makanan, bersatu dengan adik mereka itu dan seisi keluarganya kemudian segera pindah ke Mesir di mana mereka hidup makmur dan membuat jalan untuk melahirkan bangsa Israel.

Musa: Seorang Pemimpin Besar yang Membuat Keluaran Terjadi

Setelah menetap di Mesir, keturunan-keturunan Israel bertambah banyak dan makmur, dan segera menjadi terlalu besar dan banyak untuk membentuk negara sendiri.

Saat seorang raja baru yang tidak mengenal Yusuf naik tahta, ia mulai mengawasi kemakmuran dan kekuatan anak cucu Israel. Raja itu dan para pegawainya mulai memahitkan hidup mereka dengan pekerjaan yang berat, yaitu mengerjakan tanah liat dan batu bata, dan berbagai-bagai pekerjaan di padang, ya segala pekerjaan yang dengan kejam dipaksakan orang Mesir kepada mereka itu (Keluaran 1:13-14).

Tetapi, *"makin ditindas, makin bertambah banyak dan berkembang mereka, sehingga orang merasa takut kepada orang Israel itu."* Firaun segera memerintahkan agar semua anak laki-laki Israel dibunuh saat lahir. Karena mendengar jeritan minta tolong Israel akibat penindasan mereka, Allah ingat akan perjanjian-Nya dengan Abraham, Ishak, dan Yakub.

Kepadamu dan kepada keturunanmu akan Kuberikan negeri ini yang kaudiami sebagai orang asing, yakni seluruh tanah Kanaan akan Kuberikan menjadi milikmu untuk selama-lamanya; dan Aku akan menjadi Allah mereka (Kejadian 17:8).

Dan negeri ini yang telah Kuberikan kepada Abraham dan kepada Ishak, akan Kuberikan kepadamu dan juga kepada keturunanmu (Kejadian 35:12).

Untuk dapat memimpin anak-anak Israel keluar dari siksaan mereka dan membawa mereka ke negeri Kanaan, Allah mempersiapkan orang yang akan menaatinya dengan tanpa syarat dan membimbing orang-orang-Nya dengan hati-Nya.

Orang itu adalah Musa. Orangtuanya menyembunyikan Musa selama tiga bulan seteah kelahirannya, namun saat mereka sudah tidak bisa lagi menyembunyikannya, mereka menaruhya di sebuah keranjang dan meletakkan keranjang itu di antara alang-alang di hulu Sungai Nil. Ketika putri Firaun menemukan anak di itu di dalam keranjang dan memutuskan untuk memeliharanya sebagai anaknya sendiri, kakak dari bayi itu yang berdiri di kejauhan untuk mencari tahu apa yang akan terjadi kepada adiknya lalu merekomendasikan ibu kandung bayi itu kepada putri Firaun sebagai perawatnya.

Demikianlah, Musa dibesarkan di istana raja dan oleh ibu kandungnya. Sehingga ia tumbuh dengan mengetahui tentang Allah dan tentang Israel, bangsanya sendiri.

Lalu, pada suatu hari, ia melihat seorang Ibrani dipukuli oleh seorang Mesir, dan dalam kemarahan ia akhirnya membunuh orang Mesir itu. Saat hal ini diketahui, Musa melarikan diri dari hadapan Firaun dan berdiam di tanah Midian. Ia menggembalakan domba selama empat puluh tahun, dan hal ini merupakan bagian dari pemeliharaan Allah yang hendak meguji dan melatih Musa sebagai pemimpin dari Keluaran.

Pada saat yang dipilih-Nya, Allah memanggil Musa dan memerintahkannya untuk memimpin bangsa Israel keluar dari Mesir ke tanah Kanaan, sebuah daerah yang dipenuhi dengan madu dan susu.

Karena Firaun memiliki hati yang dikeraskan, ia tidak mendengarkan perintah Allah yang diberikan melalui Musa. Akibatnya, Allah menjatuhkan Sepuluh Tulah atas Mesir dan membawa Bangsa Israel keluar dengan paksa dari tanah Mesir.

Barulah setelah menderita kematian anak-anak sulung mereka, Firaun dan bangsanya berlutut di hadapan Allah dan orang Israel dapat bebas dari perbudakan. Allah sendiri yang memimpin Israel dalam setiap langkah mereka, Ia membelah Laut Merah sehingga mereka dapat menyeberanginya di tanah yang kering. Saat mereka tidak memiliki air untuk minum, Allah membuat mata air keluar dari sebuah batu dan saat mereka tidak mempunyai makanan, Allah mengirimkan manna dan burung puyuh. Allah melakukan mukjizat-mukjizat dan keajaiban ini melalui Musa untuk menjamin keberlangsungan hidup jutaan bangsa Israel di padang belantara selama empat puluh tahun.

Allah yang setia memimpin bangsa Israel ke tanah Kanaan melalui Yosua, penerus Musa. Allah menolong Yosua dan orang-orangnya untuk menyeberangi Sungai Yordan dengan cara Allah dan membuat mereka menaklukkan kota Yerikho. Dan dengan caranya sendiri, Allah mengizinkan mereka untuk menaklukkan dan menguasai sebagian besar tanah Kanaan yang dilimpahi dengan susu dan madu.

Tentu saja, penaklukan Kanaan bukan hanya berkat Allah atas Israel melainkan juga hasil dari penghakiman-Nya yang benar terhadap para penghuni Kanaan yang hidup dalam dosa dan kejahatan. Penduduk Kanaan menjadi sangat berdosa dan terpaksa menjadi korban penghakiman Allah, dan dalam keadilan-Nya Allah memimpin bangsa Israel untuk mengambil alih negeri itu.

Seperti yang dikatakan oleh Allah kepada Abraham, *"Tetapi keturunan yang keempat akan kembali ke sini"* (Kejadian 15:16), keturunan Abraham Yakub dan anak-anaknya meninggalkan Kanaan untuk pergi ke Mesir, tinggal di sana, dan keturunan mereka kembali ke negeri Kanaan.

Daud Mendirikan Israel yang Kuat

Setelah penaklukan negeri Kanaan, Allah memerintah atas Israel melalui hakim-hakim dan nabi selama Masa Hakim-Hakim dan kemudian Israel menjadi sebuah kerajaan. Oleh pemerintahan Raja Daud yang mengasihi Allah di atas segalanya, maka pondasi sebagai sebuah negara didirikan.

Di masa mudanya, Daud membunuh seorang prajurit Filistin yang hebat dengan ketapel dan batu, dan untuk menghargai pelayanannya di medan perang, Daud diangkat menjadi kepala pasukan dalam tentara Raja Saul. Saat Daud pulang ke rumah setelah mengalahkan orang Filistin, banyak perempuan menyanyi sambil main musik dan berkata, "Saul membunuh ribuan orang, tetapi Daud berlaksa-laksa," Dan semua orang Israel mulai mengasihi Daud. Raja Saul membuat rencana untuk membunuh Daud karena iri.

Di tengah pengejaran Saul yang putus asa, Daud mendapat dua kesempatan untuk membunuh raja, tetapi ia menolak membunuh raja yang diurapi Allah. Ia hanya melakukan hal yang baik terhadap Raja Saul. Pada suatu ketika, Daud berlutut dengan mukanya ke tanah dan sujud menyembah, dan berkata kepada

Raja Saul, *"Lihatlah dahulu, ayahku, lihatlah kiranya punca jubahmu dalam tanganku ini! Sebab dari kenyataan bahwa aku memotong punca jubahmu dengan tidak membunuh engkau, dapatlah kauketahui dan kaulihat, bahwa tanganku bersih dari pada kejahatan dan pengkhianatan, dan bahwa aku tidak berbuat dosa terhadap engkau, walaupun engkau ini mengejar-ngejar aku untuk mencabut nyawaku"* (1 Samuel 24:11).

Daud, seorang yang memiliki hati menyerupai hati Allah, mengejar kebaikan dalam segaa hal bahkan setelah ia menjadi raja. Selama masa berkuasanya, Daud memerintah kerajaannya dengan adil dan memperkuat kerajaan itu. Karena Allah berjalan dengan Raja, maka Daud selalu berkemenangan dalam peperangannya terhadap kerajaan tetangga Filistin, Moab, Amalek, Ammon, dan Edom. Ia memperluas wilayah Israel dan barang-barang rampasan serta upeti hanya menambah harta kekayaan di dalam kerajaan Daud. Karena itu, ia menikmati masa kemakmuran.

Daud juga memindahkan Tabut Allah ke Yerusalem, menetapkan tata cara untuk mempersembahkan korban, dan menguatkan iman dalam TUHAN Allah. Raja juga menjadikan Yerusalem sebagai pusat politik dan agama di kerajaan dan membuat semua persiapan untuk membangun Bait Allah selama masa pemerintahan anaknya, Raja Salomo.

Sepanjang sejarahnya, Israel adalah bangsa yang paling kuat dan megah selama pemerintahan Raja Daud, dan ia sangat dikagumi oleh bangsanya dan memberikan kemuliaan besar bagi Allah. Di atas semuanya ini, sungguh betapa hebat Daud ini sehingga Mesias akan datang dari keturunannya?

Elia Membawa Hati Bangsa Israel Kembali Kepada Allah

Anak Raja Daud, Salomo, menyembah berhala pada masa tuanya dan kerajaannya terbagi menjadi dua setelah kematiannya. Di antara Dua Belas Suku Israel, empat suku membentuk kerajaan Israel di utara sementara sisanya membentuk kerajan Yehuda di selatan.

Di Kerajaan Israel, Nabi Amos dan Hosea menerima kehendak Allah atas orang-orang-Nya sementara Nabi Yesaya dan Yeremia melakukan pelayanan di Kerajaan Yehuda. Kapan pun saat yang dipilihnya tiba, Allah mengirimkan nabi-Nya dan melakukan kehendak-Nya melalui mereka. Salah satu dari mereka adalah Nabi Elia. Elia melakukan pelayanannya selama pemerintahan Raja Ahab di kerajaan Utara.

Pada masa Elia, ratu kafir Izebel membawa Baal ke Israel dan menyebabkan maraknya penyembahan berhala di seluruh kerajaan. Misi pertama yang harus dilakukan oleh Elia adalah untuk memberitahu Raja Ahab bahwa hujan tidak akan turun di Israel selama tiga setengah tahun sebagai hukuman Allah atas penyembahan berhala yang mereka lakukan.

Saat nabi itu diberitahu bahwa raja dan ratu berusaha membunuhnya, Elia melarikan diri ke Sarfat yang merupakan wilayah Sidon. Ia diberi makan dengan sepotong roti dari seorang janda di sana, dan sebagai balasan atas pelayanannya Elia memanifestasikan berkat yang luar biasa terhadap janda itu dan buli-buli tempat tepungnya tidak berkurang dan bejana minyaknya tidak menjadi kosong sampai masa kelaparan itu berakhir. Kemudian, Elia juga membangkitkan anak janda itu yang mati.

Di puncak Gunung Karmel, Elia menghadapi 450 nabi Baal dan 400 nabi Asyera dan menurunkan api Allah dari surga. Untuk membalikkan hati bangsa Israel dari berhalanya, dan membawa mereka kembali kepada Allah, Elia memperbaiki mezbah Allah, menuangkan air pada korban persembahan itu dan mezbahnya, lalu berdoa sungguh-sungguh kepada Allah.

"Ya TUHAN, Allah Abraham, Ishak dan Israel, pada hari ini biarlah diketahui orang, bahwa Engkaulah Allah di tengah-tengah Israel dan bahwa aku ini hamba-Mu dan bahwa atas firman-Mulah aku melakukan segala perkara ini. Jawablah aku, ya TUHAN, jawablah aku, supaya bangsa ini mengetahui, bahwa Engkaulah Allah, ya TUHAN, dan Engkaulah yang membuat hati mereka tobat kembali." Lalu turunlah api TUHAN menyambar habis korban bakaran, kayu api, batu dan tanah itu, bahkan air yang dalam parit itu habis dijilatnya. Ketika seluruh rakyat melihat kejadian itu, sujudlah mereka serta berkata: "TUHAN, Dialah Allah! TUHAN, Dialah Allah!" Kata Elia kepada mereka: "Tangkaplah nabi-nabi Baal itu, seorangpun dari mereka tidak boleh

luput." Setelah ditangkap, Elia membawa mereka ke sungai Kison dan menyembelih mereka di sana (1 Raja-Raja 18:36-40).

Sebagai tambahan, ia menurunkan hujan dari langit setelah kekeringan selama tiga setengah tahun, menyeberangi Sungai Yordan seolah ia sedang berjalan di tanah kering dan menubuatkan tentang peristiwa-peristiwa yang akan terjadi. Dengan memanifestasikan pekerjaan Allah yang ajaib, Elia bersaksi dengan jelas tentang Allah Yang Hidup.

2 Raja-Raja 2:11 berkata, *"Sedang mereka [Elia dan Elisa] berjalan terus sambil berkata-kata, tiba-tiba datanglah kereta berapi dengan kuda berapi memisahkan keduanya, lalu naiklah Elia ke sorga dalam angin badai."* Karena Elia memperkenan Allah dengan imannya hingga ke titik yang paling penuh dan menerima kasih serta pengakuan-Nya, maka nabi itu naik ke surga tanpa mengalami kematian.

Daniel Menunjukkan Kemuliaan Allah Kepada Bangsa-Bangsa

Dua ratus lima puluh tahun kemudian, kira-kira 605 SM, pada tahun ketiga pemerintahan Yoyakhim, Yerusalem jatuh oleh serangan Raja Nebukadnezar dari Babel dan banyak dari anggota keluarga kerajaan dari Yehuda dijadikan tawanan.

Sebagai bagian dari kebijakan rekonsiliasi Nebukadnezar, raja bertitah kepada Aspenas, kepala istananya, untuk membawa beberapa orang Israel, yang berasal dari keturunan raja dan dari kaum bangsawan, yakni orang-orang muda yang tidak ada sesuatu cela, yang berperawakan baik, yang memahami berbagai-bagai hikmat, berpengetahuan banyak dan yang mempunyai pengertian tentang ilmu, yakni orang-orang yang cakap untuk bekerja dalam istana raja, supaya mereka diajarkan tulisan dan bahasa orang Kasdim. Salah satu di antaranya adalah Daniel (Daniel 1:3-4).

Namun, Daniel berketetapan untuk tidak menajiskan dirinya dengan santapan raja dan dengan anggur yang biasa diminum raja; dimintanyalah kepada pemimpin pegawai istana itu, supaya ia tak usah menajiskan dirinya (Daniel 1:8).

Walaupun ia adalah seorang tawanan perang, Daniel menerima berkat Allah karena ia takut akan Allah dalam segala aspek hidupnya. Allah memberi kepada Daniel dan teman-temannya pengetahuan dan kepandaian tentang berbagai-bagai tulisan dan hikmat. Daniel juga mempunyai pengertian tentang berbagai-bagai penglihatan dan mimpi (Daniel 1:17).

Itulah sebabnya ia senantiasa memperoleh kasih dan pengakuan dari para raja walaupun kerajaan itu berganti. Karena mengenali roh Daniel yang luar biasa, Raja Darius dari Persia menunjuknya sebagai penguasa atas seluruh kerajaan. Kemudian para pejabat tinggi dan wakil raja itu mencari alasan dakwaan terhadap Daniel dalam hal pemerintahan. Tetapi mereka tidak mendapat alasan apapun atau sesuatu kesalahan.

Ketika mereka mengetahui bahwa Daniel berdoa kepada Allah tiga kali sehari, para pejabat tinggi dan wakil raja itu datang ke hadapan raja dan mendesaknya untuk membuat ketetapan bahwa siapa saja yang memohon kepada allah mana pun atau manusia selain raja selama sebulan akan dilemparkan ke gua singa. Daniel tidak goncang sediki pun; bahkan walaupun harus menghadapi risiko kehilangan reputasinya, kedudukan tinggi, dan bahkan nyawanya di gua singa, ia tetap berdoa, menghadap Yerusalem, seperti yang telah ia lakukan sebelumnya.

Oleh perintah raja, Daniel kemudian dilemparkan ke gua singa, tetapi karena Allah mengirimkan malaikat-Nya dan menutup mulut singa-singa itu, maka Daniel sama sekali tidak terluka. Setelah mengetahui hal ini, Raja Darius menulis kepada semua orang, suku bangsa, dan orang dari segala bahasa yang berdiam di semua negeri dan membuat mereka menyanyikan puji-pujian dan memuliakan Allah.

Bersama ini kuberikan perintah, bahwa di seluruh kerajaan yang kukuasai orang harus takut dan gentar kepada Allahnya Daniel, sebab Dialah Allah yang hidup, yang kekal untuk selama-lamanya; pemerintahan-Nya tidak akan binasa dan kekuasaan-Nya tidak akan berakhir. Dia melepaskan dan menolong, dan mengadakan tanda dan mujizat di langit dan di bumi, Dia yang telah melepaskan Daniel dari cengkaman singa-singa (Daniel 6:26-27).

Sebagai tambahan kepada para bapa iman yang sangat masyhur dalam Allah, yang disebutkan di atas, tidak akan cukup kertas dan tinta untuk menggambarkan perbuatan iman Gideon, Barak, Simson, Yefta, Samuel, Yesaya, Yeremia, Yehezkiel, ketiga teman Daniel, Ester, dan semua nabi yang disebutkan di dalam Alkitab.

Para Bapa Bagi Semua Bangsa di Bumi

Dari sejak hari-hari pertama bangsa Israel, Allah sendiri yang menuliskan dan mengendalikan arah sejarahnya. Setiap kali Israel mengalami krisis, Allah melepaskan mereka melalui nabi-nabi yang ia siapkan, dan mengarahkan sejarah Israel.

Karenanya, tidak seperti bangsa-bangsa lainnya, sejarah Israel telah dibukakan menurut pemeliharaan Allah dari sejak masa Abraham dan akan terus terbuka menurut rencana Allah sampai akhir zaman.

Karena Allah menunjuk dan memakai para bapa iman dari antara orang Israel untuk pemeliharaan dan rencana-Nya bukan hanya bagi bangsa pilihan-Nya, Israel, tetapi juga bagi semua orang di mana saja yang memiliki iman dalam Allah.

Abraham akan menjadi bangsa yang besar serta berkuasa, dan oleh dia segala bangsa di atas bumi akan mendapat berkat? (Kejadian 18:18).

Allah menginginkan agar "segala bangsa di atas bumi", menjadi anak-anak Abraham oleh iman dan menerima berkat Abraham. Ia tidak menyimpan berkat-berkat hanya bagi bangsa pilihan-Nya, Israel. Allah menjanjikan kepada Abraham dalam Kejadian 17:4-5 bahwa ia akan menjadi bapa dari banyak bangsa, dan di dalam Kejadian 12:3 bahwa semua keluarga di bumi akan diberkati di dalam dia, dan di Kejadian 22:17-18 bahwa semua bangsa di bumi akan diberkati dalam benihnya.

Terlebih lagi, sepanjang sejarah Israel, Allah telah membuka jalan di mana semua bangsa di bumi akan mengenal bahwa hanya TUHAN Allah yang merupakan Allah yang sejati, akan melayani Dia, dan menjadi anak-anak sejati-Nya yang mengasihi Dia.

Aku telah berkenan memberi petunjuk kepada orang yang tidak menanyakan Aku; Aku telah berkenan ditemukan oleh orang yang tidak mencari Aku. Aku telah berkata: "Ini Aku, ini Aku!" kepada bangsa yang tidak memanggil nama-Ku (Yesaya 65:1).

Allah menetapkan para bapa yang besar ini dan secara pribadi membimbing serta memerintah sejarah Israel untuk membuat baik bangsa-bangsa bukan Yahudi dan bangsa Israel pilihan-Nya untuk memanggil nama-Nya. Allah telah menyelesaikan sejarah penanaman umat manusia sampai nanti, tetapi sekarang ia membuat rencana hebat lainnya sehingga Ia akan menerapkan pemeliharaan atas penanaman manusia kepada bangsa-bangsa bukan Yahudi juga. Karena itulah pada waktu yang dipilih-Nya, Allah mengirimkan Anak-Nya yang tunggal ke tanah Israel bukan hanya sebagai Mesias orang Israel tetapi juga Mesias semua umat manusia.

Orang-Orang yang Bersaksi Bagi Yesus Kristus

Sepanjang sejarah penanaman umat manusia, Israel selalu berada di pusat pemenuhan dari pemeliharaan Allah. Allah menyingkapkan Diri-Nya kepada para bapa iman, menjanjikan mereka akan hal-hal yang akan terjadi, dan memenuhinya tepat seperti yang Ia janjikan. Ia juga mengatakan kepada bangsa Israel bahwa Mesias akan datang dari suku Yehuda dan dari keturunan Daud dan akan menyelamatkan semua bangsa di atas bumi.

Karenanya, Israel telah menanti-nantikan Mesias yang dinubuatkan di dalam Perjanjian Baru. Mesias itu adalah Yesus Kristus. Tentu saja, orang-orang yang memiliki iman dalam Yudaisme tidak mengenali Yesus sebagai Anak Allah dan Mesias, dan masih menunggu kedatangan-Nya.

Namun, Mesias yang dinanti-nantikan oleh bangsa Israel dan Mesias yang akan dituliskan dalam sepanjang sisa Bab ini adalah satu dan sama adanya.

Apa yang dikatakan orang-orang mengenai Yesus Kristus? Jika Anda menyelidiki nubuatan-nubuatan tentang Mesias dan pemenuhannya, serta kualifikasi Mesias itu, Anda hanya akan menjadi yakin akan fakta bahwa Mesias yang dirindukan oleh bangsa Israel itu tidak lain dan tidak bukan adalah Yesus Kristus.

Paulus, Penganiaya Yesus Kristus Berbalik Menjadi Rasul-Nya

Paulus dilahirkan di Tarsus, Sisilia, Turki di masa moderen ini, kira-kira 2000 tahun yang lalu, dan nama lahirnya adalah Saulus. Saulus disunatkan pada hari kedelapan setelah kelahirannya, dari bangsa Israel, suku Benyamin, dan seorang Ibrani. Saulus dianggap tidak bercela menurut standar kebenaran Hukum Taurat. Ia juga dididik oleh Gamaliel, seorang ahli Hukum Taurat yang dihormati oleh semua orang. Ia hidup dengan sangat patuh pada hukum nenek moyangnya dan memiliki kewarganegaraan Kerajaan Romawi yang merupakan negara paling kuat di dunia saat itu. Intinya, tidak ada yang kurang dalam diri Saulus menurut standar daging bila menyangkut keluarga, garis keturunan, pengetahuan, kekayaan, atau autoritas.

Karena ia mengasihi Allah di atas segalanya, Saulus dengan bersemangat menganiaya para pengikut Yesus Kristus. Itu karena saat ia mendengar orang-orang Kristen mengklaim bahwa Yesus yang disalibkan itu adalah Anak Allah dan Juru Selamat, dan bahwa Yesus dibangkitkan pada hari ketiga setelah penguburannya, Saul menganggap bahwa hal itu sama saja dengan menghujat Allah Sendiri.

Saul juga menganggap bahwa para pengikut Yesus menjadi ancaman terhadap Yudaisme Farisi yang sangat tekun diikutinya. Untuk alasan itu, Saul dengan tidak kenal lelah menganiaya dan menghancurkan gereja dan memimpin gerakan untuk menangkap para orang yang percaya kepada Yesus Kristus.

Ia memenjarakan banyak orang Kristen dan membuang undi atas mereka saat mereka dibunuh. Ia juga menghukum para orang percaya di semua sinagoga, mencoba untuk memaksa mereka agar menghujat Yesus Kristus di sana, dan terus mengejar mereka bahkan sampai ke kota-kota asing.

Kemudian Saulus mengalami pengalaman luar biasa yang membuat hidupnya berbalik seratus delapan puluh derajat. Dalam perjalanannya ke Damaskus, tiba-tiba cahaya memancar dari langit mengelilingi dia.

"Saulus, Saulus, mengapakah engkau menganiaya Aku?"

"Siapakah Engkau, Tuhan?"

"Akulah Yesus yang kauaniaya itu".

Saulus bangun dan berdiri, lalu membuka matanya, tetapi ia tidak dapat melihat apa-apa; mereka harus menuntun dia masuk ke Damsyik. Tiga hari lamanya ia tidak dapat melihat. Ia juga tidak makan atau minum. Setelah peristiwa ini, Tuhan muncul dalam sebuah penglihatan kepada seorang murid yang bernama Ananias.

Mari, pergilah ke jalan yang bernama Jalan Lurus, dan carilah di rumah Yudas seorang dari Tarsus yang bernama Saulus. Ia sekarang berdoa, dan dalam suatu penglihatan ia melihat, bahwa seorang yang bernama Ananias masuk ke dalam dan menumpangkan

tangannya ke atasnya, supaya ia dapat melihat lagi...
Pergilah, sebab orang ini adalah alat pilihan bagi-
Ku untuk memberitakan nama-Ku kepada bangsa-
bangsa lain serta raja-raja dan orang-orang Israel. Aku
sendiri akan menunjukkan kepadanya, betapa banyak
penderitaan yang harus ia tanggung oleh karena nama-
Ku. (Kisah Para Rasul 9:11-12; 15-16).

Ketika Ananias menumpangkan tangannya dan berdoa bagi Saulus, seketika itu juga seolah-olah selaput gugur dari matanya, sehingga ia dapat melihat lagi. Setelah pertemuan dengan Tuhan, Saulus jadi menyadari dosa-dosanya dan menamai dirinya dengan "Paulus", yang berarti "orang yang kecil". Sejak dari saat itu, Paulus dengan berani mengabarkan kepada bangsa-bangsa bukan Yahudi akan Allah Yang Hidup dan injil Yesus Kristus.

Sebab aku menegaskan kepadamu, saudara-
saudaraku, bahwa Injil yang kuberitakan itu bukanlah
injil manusia. Karena aku bukan menerimanya dari
manusia, dan bukan manusia yang mengajarkannya
kepadaku, tetapi aku menerimanya oleh penyataan
Yesus Kristus. Sebab kamu telah mendengar tentang
hidupku dahulu dalam agama Yahudi: tanpa
batas aku menganiaya jemaat Allah dan berusaha
membinasakannya. Dan di dalam agama Yahudi aku
jauh lebih maju dari banyak teman yang sebaya dengan
aku di antara bangsaku, sebagai orang yang sangat

rajin memelihara adat istiadat nenek moyangku. Tetapi waktu Ia, yang telah memilih aku sejak kandungan ibuku dan memanggil aku oleh kasih karunia-Nya, berkenan menyatakan Anak-Nya di dalam aku, supaya aku memberitakan Dia di antara bangsa-bangsa bukan Yahudi, maka sesaatpun aku tidak minta pertimbangan kepada manusia; juga aku tidak pergi ke Yerusalem mendapatkan mereka yang telah menjadi rasul sebelum aku, tetapi aku berangkat ke tanah Arab dan dari situ kembali lagi ke Damsyik (Galatia 1:11-17).

Bahkan setelah bertemu dengan Tuhan Yesus dan mengabarkan injil, Paulus mengalami segala bentuk penderitaan yang tidak dapat diungkapkan dengan kata-kata. Paulus menemukan dirinya lebih sering berjerih lelah, disesah berkali-kali, sering dalam bahaya maut, melalui banyak malam tanpa tidur, dalam kelaparan dan kehausan, sering tanpa makanan, dalam kedinginan dan tanpa pakaian (2 Korintus 11:23-27).

Ia sebenarnya dapat dengan mudah hidup makmur dan nyaman dengan status, autoritas, pengetahuan, dan hikmatnya, tetapi Paulus meninggalkan itu semua dan menyerahkan segala yang ia miliki kepada Tuhan saja.

Karena aku adalah yang paling hina dari semua rasul, sebab aku telah menganiaya Jemaat Allah. Tetapi karena kasih karunia Allah aku adalah sebagaimana aku ada sekarang, dan kasih karunia yang dianugerahkan-Nya

Israel: Bangsa Pilihan Allah

kepadaku tidak sia-sia. Sebaliknya, aku telah bekerja lebih keras dari pada mereka semua; tetapi bukannya aku, melainkan kasih karunia Allah yang menyertai aku (1 Korintus 15:9-10).

Paulus dapat membuat pernyataan tegas ini karena ia telah memperoleh pengalaman yang sangat jelas saat bertemu dengan Yesus Kristus. Tuhan tidak hanya menemui Paulus dalam perjalanan ke Damaskus, tetapi juga menyatakan penyertaan-Nya bersama Paulus dengan memanifestasikan berbagai pekerjaan penuh kuasa yang luar biasa.

Oleh Paulus Allah mengadakan mujizat-mujizat yang luar biasa, bahkan orang membawa saputangan atau kain yang pernah dipakai oleh Paulus dan meletakkannya pada orang sakit, maka lenyaplah penyakit mereka dan keluarlah roh-roh jahat. Paulus juga membangkitkan seorang anak muda bernama Eutikus yang jatuh dari lantai tiga dan mati. Membangkitkan seseorang dari kematian tidaklah mungkin tanpa kuasa Allah.

Perjanjian Lama menyebutkan bahwa Nabi Elia membangkitkan anak dari janda di Sarfat dari kematian dan Nabi Elisa membangkitkan seorang anak dari perempuan Sunem yang kaya. Seperti Pemazmur menuliskan dalam Mazmur 62:11, *"Satu kali Allah berfirman, dua hal yang aku dengar: bahwa kuasa dari Allah asalnya,"* kuasa Allah diberikan kepada hamba Allah.

Selama tiga kali perjalanan misinya, Paulus mendirikan dasar agar injil Yesus Kristus dikabarkan kepada segala bangsa dengan membangun gereja di banyak tempat di Asia dan Eropa termasuk Asia Kecil dan Yunani. Demikianlah, jalan dibukakan yang melaluinya injil Yesus Kristus akan dikabarkan ke setiap penjuru bumi dan banyak sekali jiwa yang akan diselamatkan.

Petrus Memanifestasikan Kuasa yang Besar dan Menyelamatkan Banyak jiwa

Apa yang dapat kita katakan tentang Petrus yang menjadi ujung tombak pengabaran injil kepada orang Yahudi? Ia adalah seorang nelayan biasa sebelum ia bertemu Yesus, tetapi setelah dia dipanggil oleh Yesus dan menyaksikan langsung berbagai hal luar biasa yang dilakukan Yesus, Petrus menjadi salah satu murid-Nya yang terbaik.

Ketika Petrus menyaksikan Yesus memanifestasikan kuasa dalam bentuk dan derajat yang tidak dapat ditiru oleh manusia mana pun, termasuk memelekkan mata orang yang buta, membangkitkan orang lumpuh, membangkitkan orang mati, melihat Yesus melakukan perbuatan-perbuatan baik, dan menyaksikan Yesus mengatasi kelemahan pelanggaran orang-orang, Petrus dapat percaya bahwa, 'Sungguh Dia ini datang dari Allah.' Di dalam Matius 16 kita dapat menemukan pengakuannya.

"Tetapi apa katamu, siapakah Aku ini?" (ayat 15).
"Engkau adalah Mesias, Anak Allah yang hidup!"
(ayat 16).

Kemudian sesuatu yang tidak terbayangkan terjadi kepada Petrus yang di atas tadi mampu membuat pengakuan sedemikian berani. Petrus bahkan mengatakan kepada Yesus pada perjamuan terakhir, *"Biarpun mereka semua tergoncang imannya karena Engkau, aku sekali-kali tidak."* Tetapi pada malam saat Yesus ditangkap dan disalibkan, Perus menyangkal mengenal Yesus tiga kali karena ia takut mati.

Setelah Yesus dibangkitkan dan naik ke surga, Petrus menerima Roh Kudus dan diubahkan dengan cara yang sungguh mengagumkan. Ia menjadi orang yang mendedikasikan setiap bagian dari kehidupannya untuk mengkhotbahkan injil Yesus Kristus dengan tidak takut mati. Pada satu hari tiga ribu orang bertobat dan dibaptis ketika ia dengan berani menyaksikan tentang Yesus Kristus. Bahkan di hadapan para pemimpin Yahudi yang mengancam untuk membunuhnya, ia dengan berani menyatakan bahwa Yesus Kristus adalah Tuhan dan Juru Selamat kita.

"Bertobatlah, dan hendaklah kamu masing-masing memberi dirimu dibaptis dalam nama Yesus Kristus untuk pengampunan dosamu, maka kamu akan menerima karunia Roh Kudus. Sebab bagi kamulah janji itu dan bagi anak-anakmu, dan bagi orang yang masih jauh, yaitu sebanyak yang akan dipanggil oleh Tuhan Allah kita" (Kisah Para Rasul 2:38-39).

Yesus adalah batu yang dibuang oleh tukang-tukang

bangunan--yaitu kamu sendiri--,namun ia telah menjadi batu penjuru. Dan keselamatan tidak ada di dalam siapapun juga selain di dalam Dia, sebab di bawah kolong langit ini tidak ada nama lain yang diberikan kepada manusia yang olehnya kita dapat diselamatkan (Kisah Para Rasul 4:11-12).

Petrus menunjukkan kuasa Allah dengan memanifestasikan berbagai tanda-tanda dan mukjizat. Di Lida, Petrus menyembuhkan seorang laki-laki yang sudah lumpuh selama delapan tahun, dan di dekat Yope, ia membangkitkan Tabita yang jatuh sakit dan meninggal. Petrus juga membuat orang mati bangun dan berdiri, menyembuhkan orang-orang yang menderita berbagai penyakit, dan mengusir setan.

Kuasa Allah menyertai Petrus dengan sangat luar biasa hingga bahkan mereka membawa orang-orang sakit ke luar, ke jalan raya, dan membaringkannya di atas balai-balai dan tilam, supaya, apabila Petrus lewat, setidak-tidaknya bayangannya mengenai salah seorang dari mereka (Kisah Para Rasul 5:15).

Sebagai tambahan, Allah menyingkapkan kepada Petrus lewat berbagai penglihatan bahwa injil keselamatan akan dibawa kepada bangsa-bangsa asing. Pada suatu hari, Petrus naik ke atap rumah untuk berdoa, ia merasa lapar dan ingin makan sesuatu. Sementara makanan sedang disiapkan, tiba-tiba rohnya diliputi oleh kuasa Ilahi dan ia melihat langit terbuka dan turunlah suatu benda berbentuk kain lebar yang bergantung pada keempat

Israel: Bangsa Pilihan Allah

sudutnya, yang diturunkan ke tanah. Di dalamnya terdapat pelbagai jenis binatang berkaki empat, binatang menjalar dan burung (Kisah Para Rasul 10:9-12). Kemudian Petrus mendengar suara.

"Bangunlah, hai Petrus, sembelihlah dan makanlah!" (ayat 13).
"Tidak, Tuhan, tidak, sebab aku belum pernah makan sesuatu yang haram dan yang tidak tahir" (ayat 14).
"Apa yang dinyatakan halal oleh Allah, tidak boleh engkau nyatakan haram" (ayat 15).

Hal ini terjadi sampai tiga kali dan segera sesudah itu terangkatlah benda itu ke langit. Petrus tidak dapat mengerti kenapa Allah memerintahkannya untuk memakan sesuatu yang dianyatakan "haram" menurut Hukum Musa. Sementara Petrus sedang merenungkan penglihatan itu, Roh Kudus berkata kepadanya, *"Ada tiga orang mencari engkau. Bangunlah, turunlah ke bawah dan berangkatlah bersama-sama dengan mereka, jangan bimbang, sebab Aku yang menyuruh mereka ke mari"* (Kisah Para Rasul 10:19-20). Ketiga orang itu datang mewakili Kornelius yang bukan bangsa Yahudi yang mengundang Petrus untuk datang ke rumahnya.

Melalui penglihatan ini, Allah menyingkapkan kepada Petrus bahwa Allah menginginkan agar belas kasihan-Nya dikabarkan juga kepada bangsa-bangsa asing, dan mendesak Petrus untuk menyebarkan injil Yesus Kristus kepada mereka. Petrus sangat bersyukur kepada Tuhan yang telah mengasihinya hingga saat terakhir dan mempercayakan kepadanya tugas suci sebagai rasul-Nya walaupun ia telah menyangkal Yesus tiga kali sehingga ia mengerahkan seluruh hidupnya untuk membawa begitu banyak jiwa-jiwa ke jalan keselamatan, dan mati sebagai matir.

Rasul Yohanes Menubuatkan Akhir Zaman oleh Wahyu Yesus Kristus

Sebelumnya Yohanes adalah seorang nelayan dari Galilea, tetapi setelah ia dipanggil oleh Yesus, Yohanes selalu berjalan dengan Dia dan menyaksikan manifestasinya akan tanda-tanda dan mukjizat. Yohanes melihat Yesus mengubah air menjadi anggur pada perjamuan kawin di Kana, menyembuhkan banyak orang sakit termasuk orang yang sudah menderita sakit selama 38 tahun, mengusir setan dari banyak orang, dan memelekkan mata orang buta. Yohanes juga menyaksikan Yesus berjalan di atas air dan menghidupkan Lazarus yang telah mati selama empat hari.

Yohanes mengikuti Yesus saat Ia dipermuliakan di gunung, (wajah-Nya bercahaya seperti matahari dan pakaian-Nya menjadi putih seperti sinar) dan bercakap-cakap dengan Musa dan Elia di puncak Gunung Kemuliaan. Bahkan saat Yesus meghembuskan nafasnya yang terakhir di kayu salib, Yohanes mendengar Yesus berbicara kepada Perawan Maria dan dirinya:

"Perempuan, lihatlah ini anakmu!"
"inilah Ibumu!"

Dengan tiga kalimat terakhir ini yang diucapkan Yesus di kayu salib, secara jasmani Yesus sedang menghibur Maria yang telah mengandung dan melahirkan-Nya, tetapi dalam pengertian rohani, Ia sedang menyatakan kepada seluruh umat manusia bahwa semua orang percaya adalah saudara dan ibu.

Yesus tidak pernah menyebut Maria sebagai "ibu-Nya." Karena Yesus Anak Allah adalah Allah itu sendiri, tidak seorang pun dapat melahirkan Dia dan Ia tidak dapat memiliki ibu. Alasan Yesus berkata kepada Yohanes, "Inilah ibumu!" adalah agar Yohanes melayani Maria sebagai ibunya. Mulai saat itu Yohanes membawa Maria ke rumahnya dan melayani dia sebagai ibunya.

Setelah Yesus bangkit dan naik ke surga ia mengkhotbahkan injil Yesus Kristus dengan tekun bersama dengan para rasul yang lain walaupun sering menghadapi ancaman orang Yahudi. Melalui pekerjaan mereka yang sungguh-sungguh mengkhotbahkan injil, Gereja Mula-mula mengalami kebangunan rohani yang luar biasa, tetapi pada saat yang sama rasul-rasul mengalami berbagai penganiayaan.

Rasul Yohanes diinterogasi dalam Dewan Yahudi dan kemudian ia dilemparkan ke dalam minyak mendidih oleh prajurit Kekaisaran Romawi. Tetapi Yohanes tidak menderita luka apapun oleh kuasa dan pemeliharaan Allah, maka Kaisar mengasingkannya ke pulau Patmos di Yunani yang terletak di Laut Mediterania. Di sana, Yohanes berkomunikasi dengan Allah dalam doa dan oleh ilham dari Roh Kudus serta bimbingan dari para malaikat, ia melihat banyak penglihatan mendalam dan menuliskan wahyu Yesus Kristus.

Inilah wahyu Yesus Kristus, yang dikaruniakan Allah kepada-Nya, supaya ditunjukkan-Nya kepada hamba-hamba-Nya apa yang harus segera terjadi. Dan oleh malaikat-Nya yang diutus-Nya, Ia telah menyatakannya kepada hamba-Nya Yohanes (Wahyu 1:1).

Dalam ilham Roh Kudus, Rasul Yohanes menuliskan secara rinci tentang hal-hal yang akan terjadi di akhir zaman agar semua orang menerima Yesus sebagai Juru Selamat mereka dan menyiapkan diri mereka untuk menerima Dia sebagai raja segala raja dan Tuhan dari segala tuan pada Kedatangan-Nya Yang Kedua.

Para Jemaat Gereja Mula-Mula Berpegang Teguh Pada Iman Mereka

Saat Yesus yang sudah bangkit naik ke surga, Ia menjanjikan kepada murid-murid-Nya bahwa Ia akan kembali dengan cara yang sama seperti yang mereka lihat saat Ia naik ke surga.

Banyaknya kesaksian atas kebangkitan dan kenaikan Tuhan Yesus menunjukkan bahwa mereka juga dapat dibangkitkan sehinga tidak lagi takut pada kematian. Begitulah mereka menjalani hidup mereka sebagai saksi Yesus di tengah berbagai ancaman dan tekanan dari para penguasa dunia dan aniaya yang sering mengancam jiwa mereka. Bukan hanya murid-murid Yesus yang telah bersama Dia selama pelayanan-Nya di bumi, tetapi juga banyak orang lain yang menjadi mangsa singa di Koloseum di Roma, dipenggal, disalibkan, dan dibakar sampai menjadi abu. Namun, mereka semua berpegang teguh pada iman mereka dalam Yesus kristus.

Saat penganiayaan terhadap orang Kristen semakin menjadi-jadi, para jemaat Gereja Mula-Mula bersembunyi di catacomb Roma yang dikenal sebagai "kuburan bawah tanah." Kehidupan mereka sangat menyedihkan, rasanya mereka seperti tidak benar-benar hidup. Karena mereka memiliki kasih yang besar dan sungguh-sungguh kepada Tuhan, mereka tidak takut akan ujian dan penderitaan yang bagaimanapun.

Sebelum Kekristenan diakui secara resmi di Roma, tekanan terhadap orang Kristen sangat kasar dan kejam, tak bisa digambarkan dengan kata-kata. Orang Kristen dicopot kewarganegaraannya, Alkitab dan gereja-gereja dibakar, para pemimpin dan pekerja gereja ditangkap, disiksa dengan sadis, lalu dieksekusi.

Polikarpus dari gereja Smirna di Asia Kecil memiliki persekutuan pribadi dengan Rasul Yohanes. Polikarpus adalah seorang uskup yang setia. Ketika ia ditangkap oleh prajurit Roma dan berdiri dihadapan gubernur, ia tidak membuang imannya.

"Aku tidak ingin mempermalukan engkau. Perintahkanlah orang-orang Kristen itu untuk dibunuh, Maka aku akan melepaskan engkau. Hujatlah Kristus!"

"Selama 86 tahun aku telah menjadi hamba-Nya dan Ia tidak pernah melakukan kesalahan apapun kepadaku. Bagaimana bisa aku menghujat Raja-ku yang telah menyelamatkan aku?"

Mereka mencoba untuk membakarnya sampai mati tetap tidak berhasil. Polikarpus uskup dari Smirna meninggal sebagai martir setelah ditikam sampai mati. Saat banyak orang Kristen lain menyaksikan dan mendengar perjuanagn iman Polikarpus serta kemartirannya, mereka jadi lebih memahami Penderitaan Yesus Kristus, dan juga memilih jalan kemartiran,

"Hai orang-orang Israel, pertimbangkanlah baik-baik, apa yang hendak kamu perbuat terhadap orang-orang ini! Sebab dahulu telah muncul si Teudas, yang mengaku dirinya seorang istimewa dan ia mempunyai kira-kira empat ratus orang pengikut; tetapi ia dibunuh dan cerai-berailah seluruh pengikutnya dan lenyap. Sesudah dia, pada waktu pendaftaran penduduk, munculah si Yudas, seorang Galilea. Ia menyeret banyak orang dalam pemberontakannya, tetapi ia juga tewas dan cerai-berailah seluruh pengikutnya. Karena itu aku berkata kepadamu: Janganlah bertindak terhadap orang-orang ini. Biarkanlah mereka, sebab jika maksud dan perbuatan mereka berasal dari manusia, tentu akan lenyap, tetapi kalau berasal dari Allah, kamu tidak akan dapat melenyapkan orang-orang ini; mungkin ternyata juga nanti, bahwa kamu melawan Allah." Nasihat itu

diterima. (Kisah Para Rasul 5:35-39).

Karena Gamaliel yang dihormati mendesak dan mengingatkan orang-orang Israel dengan perkataan di atas, maka Injil Yesus Kristus yang datang dari Allah Sendiri tidak dapat dihancurkan. Akhirnya pada tahun 313 M, Kaisar Konstantin mengakui Kekristenan sebagai agama resmi kekaisarannya dan Injil Yesus Kristus mulai dikabarkan ke seluruh dunia.

Kesaksian Tentang Yesus yang Dituliskan dalam Laporan Pilatus

Di antara berbagai dokumen bersejarah dari masa Kekaisaran Romawi, ada manuskrip tentang kebangkitan Tuhan Yesus yang ditulis oleh Pontius Pilatus, Gubernur Roma di provinsi Yudea pada masa Yesus, dan dikirimkan kepada Kaisar.

Dibawah ini adalah kutipan dari peristiwa kebangkita Yesus dari "Laporan Pilatus kepada Kaisar Tentang Penangkapan, Pengadilan, dan Penyaliban Yesus," yang saat ini disimpan di Hagia Sophia di Istanbul, Turki:

Beberapa hari setelah makam ditemukan dalam keadaan kosong, murid-murid-Nya menyatakan ke seluruh negeri bahwa Yesus telah bangkit dari kematian seperti yang telah dnubuatkan oleh-Nya. Peristiwa ini mengakibatkan terjadinya kegemparan yang melebihi penyaliban itu sendiri. Sedang untuk kebenarannya

saya sendiri tidak yakin, tetapi saya telah melakukan beberapa penyelidikan mengenai hal ini supaya Kaisarr dapat memeriksanya sendiri dan menentukan apakah saya yang bersalah seperti yang dikatakan oleh Herodes.

Yusuf mengubur Yesus di makam miliknya sendiri. Apakah Yusuf melihat kebangkitan-Nya atau ia mengarang cerita saja, saya tidak bisa menentukan. Sehari setelah Ia dikuburkan salah satu pendeta Yahudi datang ke pretorium dan berkata bahwa mereka menganggap murid-murid Yesus bermaksud untuk mencuri tubuh Yesus dan menyembunyikannya, lalu membuat seolah-olah ia telah bangkit dari kematian, seperti yang telah Ia katakan sebelumnya, yang sungguh-sungguh mereka yakini.

Saya menyuruh dia pergi menemui kepala pengawal kerajaan (Malcus) dan menyuruhnya untuk membawa prajurit-prajurit Yahudi, menempatkan mereka di sekeliling makam sebanyak yang dibutuhkan, dan jika terjadi apa-apa mereka dapat menyalahkan diri mereka sendiri dan bukan Romawi.

Saat kegemparan tentang makam yang kosong itu terjadi, saya merasaka kecemasan lebih dari sebelumnya. Saya mengirim seseorang bernama Islam, yang menceritakan kepada saya sedetil mungkin tentang kejadian-kejadian berikut ini. Mereka melihat cahaya yang lembut dan indah melingkupi makam. Mulanya, ia berpikir bahwa para perempuan telah datang untuk membalsem tubuh Yesus seperti kebiasaan orang Yahudi, tetapi ia tidak dapat mengetahui bagaimana mereka melewati para penjaga. Dengan pikiran-pikiran ini melintas di kepalanya, seluruh tempat itu kemudian dilputi cahaya dan terlihat segerombolan orang mati dalam pakaian kematiannya.

Mereka semua terlihat seperti berseru-seru dan dipenuhi dengan kegembiraan, sementara di sekeliling dan diatas mereka ada musik yang paling indah yang pernah ia dengar dan diseluruh udara sepertinya dipenuhi oleh sara-suara yang memuji Allah. Sepanjang waktu itu terlihat seperti ada sebuah gulungan bumi yang melayang-layang sehingga ia merasa mual dan lemah sehinga ia tidak bisa berdiri dengan tegak. Ia berkata bahwa bumi terasa seperti berenang dari bawah tubuhya dan panca inderanya seperti meningalkan dia sehinga ia tidak tahu apa yang sedang terjadi.

Seperti yang kita baca dalam Matius 27:51-53, *"Terjadilah gempa bumi, dan bukit-bukit batu terbelah, dan kuburan-kuburan terbuka dan banyak orang kudus yang telah meninggal bangkit. Dan sesudah kebangkitan Yesus, merekapun keluar dari kubur, lalu masuk ke kota kudus dan menampakkan diri kepada banyak orang,"* para penjaga Romawi memberikan kesaksian yang sama persis.

Setelah mencatat kesaksian dari para prajurit Romawi yang telah melihat fenomena rohani tersebut, Pilatus mengatakan di akhir laporannya : "Saya hampir dapat mengatakan: 'Sungguh Dia ini adalah Anak Allah.'"

Banyaknya Saksi Tuhan Yesus Kristus

Bukan hanya murid-murid Yesus yang telah bersama dengan-Nya selama masa pelayanan-Nya di bumi yang menyaksikan tentang Injil Yesus Kristus. Seperti yang dikatakan oleh Yesus dalam Yohanes 14:13, *"dan apa juga yang kamu minta dalam nama-Ku, Aku akan melakukannya, supaya Bapa dipermuliakan di dalam Anak,"* banyak saksi yang telah menerima jawaban Allah atas doa mereka dan menayksikan tentang Allah yang hidup serta Tuhan Yesus Kristus sejak kebangkitan dan kenaikan-Nya ke surga.

Tetapi kamu akan menerima kuasa, kalau Roh Kudus turun ke atas kamu, dan kamu akan menjadi saksi-Ku di Yerusalem dan di seluruh Yudea dan Samaria dan sampai ke ujung bumi (Kisah Para Rasul 1:8).

Saya menerima Tuhan setelah disembuhkan oleh kuasa Allah dari segala penyakit saya yang sebelumnya tidak dapat disembuhkan oleh ilmu pengetahuan kedokteran. Kemudian saya diurapi menjadi seorang pelayan Tuhan Yesus Kristus dan telah mengkhotbahkan Injil kepada semua bangsa dan memanifestasikan tanda-tanda dan mukjizat.

Seperti yang dijanjikan pada ayat di atas, banyak orang telah menjadi anak-anak Allah dengan menerima Roh Kudus dan mengabdikan hidup mereka untuk mengabarkan Injil Yesus Kristus dengan kuasa dari Roh Kudus. Beginilah Injil tersebar ke seluruh dunia dan banyak orang sekarang dapat bertemu Allah yang hidup serta menerima Yesus Kristus.

Pergilah ke seluruh dunia, beritakanlah Injil kepada segala makhluk. Siapa yang percaya dan dibaptis akan diselamatkan, tetapi siapa yang tidak percaya akan dihukum. Tanda-tanda ini akan menyertai orang-orang yang percaya: mereka akan mengusir setan-setan demi nama-Ku, mereka akan berbicara dalam bahasa-bahasa yang baru bagi mereka; mereka akan memegang ular, dan sekalipun mereka minum racun maut, mereka tidak akan mendapat celaka; mereka akan meletakkan tangannya atas orang sakit, dan orang itu akan sembuh. (Markus 16:15-18).

Gereja Makam Kudus di Golgota, di Bukit Kalvari, Yerusalem

Bab 2

MESIAS YANG DIKIRIM ALLAH

Allah Menjanjikan Mesias

Israel sering kehilangan kedaulatan dan harus menderita akibat berbagai serangan da penjajahan negara-negara seperti Persia dan Romawi. Melalui nabi-nabi-Nya, Allah memberi banyak janji tentang Mesias yang akan menjadi Raja Israel. Tidak ada sumber pengharapan yang lebih besar bagi orang Israel yang menderita selain dari janji-janji Allah tentang Mesias.

Sebab seorang anak telah lahir untuk kita, seorang putera telah diberikan untuk kita; lambang pemerintahan ada di atas bahunya, dan namanya disebutkan orang: Penasihat Ajaib, Allah yang Perkasa, Bapa yang Kekal, Raja Damai. Besar kekuasaannya, dan damai sejahtera tidak akan berkesudahan di atas takhta Daud dan di dalam kerajaannya, karena ia mendasarkan dan mengokohkannya dengan keadilan dan kebenaran dari sekarang sampai selama-lamanya. Kecemburuan TUHAN semesta alam akan melakukan hal ini (Yesaya 9:6-7).

Sesungguhnya, waktunya akan datang, demikianlah firman TUHAN, bahwa Aku akan menumbuhkan Tunas adil bagi Daud. Ia akan memerintah sebagai raja yang bijaksana dan akan melakukan keadilan dan kebenaran di negeri. Dalam zamannya Yehuda akan dibebaskan, dan Israel akan hidup dengan tenteram; dan inilah namanya yang diberikan orang kepadanya: TUHAN--keadilan kita (Yeremia 23:5-6).

Bersorak-soraklah dengan nyaring, hai puteri Sion! bersorak-sorailah, hai puteri Yerusalem! Lihat, rajamu datang kepadamu; ia adil dan jaya. Ia lemah lembut dan mengendarai seekor keledai, seekor keledai beban yang muda. Ia akan melenyapkan kereta-kereta dari Efraim dan kuda-kuda dari Yerusalem; busur perang akan dilenyapkan, dan ia akan memberitakan damai kepada bangsa-bangsa. Wilayah kekuasaannya akan terbentang dari laut sampai ke laut dan dari sungai Efrat sampai ke ujung-ujung bumi (Zakharia 9:9-10).

Israel telah menanti-nantikan Mesias tanpa henti sampai hari ini. Hal apakah yang menunda kedatangan Mesias yang demikian dirindukan dan ditungu oleh bangsa Israel? Banyak orang Yahudi menginginkan jawaban terhadap pertanyaan ini, tetapi jawabannya terdapat pada fakta bahwa mereka tidak mengetahui bahwa Mesias sudah datang.

Yesus Sang Mesias Menderita Sama Seperti yang Dinubuatkan Oleh Yesaya

Mesias yang dijanjikan Allah pada Israel dan sungguh-sungguh telah dikirim adalah Yesus. Yesus dilahirkan di Betlehem di Yudea kira-kira dua ribu tahun yang lalu dan saat tiba waktunya, Yesus mati di kayu salib, dibangkitkan, dan membuka jalan bagi seluruh umat manusia menuju keselamatan. Orang-orang Yahudi pada zaman Yesus tidak mengakui Yesus sebagai Mesias yang telah mereka nanti-nantikan. Itu karena Yesus terlihat sungguh berbeda dari gambaran Mesias yang telah mereka harapkan.

Orang Yahudi menjadi lelah akibat lamanya penjajahan, dan mengharapkan Mesias yang kuat akan membebaskan mereka dari penderitaan politis mereka. Mereka berpikir bahwa Mesias itu akan datang sebagai Raja Israel, mengakhiri segala peperangan, membebaskan mereka dari penganiayaan dan tekanan, memberikan damai yang sejati kepada mereka, dan mengangkat mereka di atas segala bangsa.

Namun, Yesus tidak datang ke dunia ini dalam kemegahan dan kemuliaan yang layak bagi bangsawan, melainkan terlahir sebagai anak dari seorang tukang kayu miskin. Ia bahkan tidak datang untuk membebaskan orang Isarel dari penjajahan Romawi atau memulihkan kemuliaannya yang dulu. Ia datang ke dunia ini untuk memulihkan umat manusia yang menemui kehancuran sejak Adam berdosa dan membuat mereka menjadi anak-anak Allah.

Karena alasan-alasan ini, orang Yahudi tidak mengakui Yesus sebagai Mesias dan malah menyalibkan-Nya. Namun, jika kita mempelajari gambaran Mesias seperti yang tertulis di dalam Alkitab, kita hanya dapat memastikan fakta bahwa Mesias itu sungguh adalah Yesus.

> *Sebagai taruk ia tumbuh di hadapan TUHAN dan sebagai tunas dari tanah kering. Ia tidak tampan dan semaraknyapun tidak ada sehingga kita memandang dia, dan rupapun tidak, sehingga kita menginginkannya. Ia dihina dan dihindari orang, seorang yang penuh kesengsaraan dan yang biasa menderita kesakitan; ia sangat dihina, sehingga orang menutup mukanya terhadap dia dan bagi kitapun dia tidak masuk hitungan (Yesaya 53: 2-3).*

Allah mengatakan kepada bangsa Israel bahwa Mesias, Raja Israel, tidak akan memiliki penampilan yang tampan ataupun semarak yang akan membuat kita menginginkan-Nya, tetapi malah Ia akan dihina dan diabaikan oleh manusia. Tetap saja, bangsa Isarel gagal mengenali Yesus sebagai Mesias yang telah Allah janjikan kepada mereka.

Ia dihina dan diabaikan oleh Israel bangsa pilihan Allah, tetapi Allah menetapkan Yesus Kristus di atas segala bangsa dan banyak orang hingga hari ini telah menerima Dia sebagai Juru Selamat mereka.

Seperti yang tertulis di dalam Mazmur 118:22-23, *"Batu yang dibuang oleh tukang-tukang bangunan telah menjadi batu penjuru. Hal itu terjadi dari pihak TUHAN, suatu perbuatan ajaib di mata kita,"* pemeliharaan dari keselamatan umat manusia telah dicapai oleh Yesus yang diabaikan oleh Israel.

Yesus tidak memiliki penampilan seperti Mesias yang diharapkan oleh orang Israel, tetapi kita dapat memahami bahwa Yesus adalah Mesias yang telah Allah nubuatkan melalui nabi-nabi-Nya.

Segala sesuatu termasuk kemuliaan, damai sejahtera, dan pemulihan yang Allah janjikan kepada kita melalui Mesias menyinggung alam rohani dan Yesus yang datang ke dunia ini untuk memenuhi tugas Mesias berkata, *"Kerajaan-Ku bukan dari dunia ini"* (Yohanes 18:36).

Mesias yang dinubuatkan oleh Allah bukanlah seorang raja dengan autoritas dan kemuliaan duniawi. Sang Mesias tidak datang ke dunia ini supaya anak-anak Allah dapat menikmati kekayaan, reputasi, dan kehormatan selama masa hidup mereka yang sementara di dunia ini. Ia datang untuk menyelamatkan orang-orang-Nya dari dosa mereka dan untuk membuat mereka menikmati sukacita dan kemuliaan di surga selama-lamanya.

Maka pada waktu itu taruk dari pangkal Isai akan berdiri sebagai panji-panji bagi bangsa-bangsa; dia akan dicari oleh suku-suku bangsa dan tempat kediamannya akan menjadi mulia (Yesaya 11:10).

Mesias yang dijanjikan itu tidak datang hanya bagi Israel bangsa pilihan Allah melainkan juga untuk memenuhi janji keselamatan bagi semua orang yang menerima oleh iman janji Allah akan Mesias, mengikuti jejak iman Abraham. Singkatnya, Mesias akan datang untuk memenuhi janji Allah akan keselamatan sebagai Juru Selamat semua bangsa di bumi.

Perlunya Juru Selamat Bagi Semua Umat Manusia

Mengapa Mesias datang ke dunia ini bukan hanya untuk penyelamatan orang Israel melainkan juga bagi semua umat manusia?

Di dalam Kejadian 1:28, Allah memberkati Adam dan Hawa lalu kepada mereka: *"Beranakcuculah dan bertambah banyak; penuhilah bumi dan taklukkanlah itu, berkuasalah atas ikan-ikan di laut dan burung-burung di udara dan atas segala binatang yang merayap di bumi."*

Setelah menciptakan manusia pertama Adam dan menetapkannya sebagai penguasa dari segala makhluk, Allah memberikan kepada manusia itu autoritas untuk "menundukkan" atau "memerintah" bumi. Tetapi ketika Adam memakan buah dari pohon pengetahuan tentang yang baik dan yang jahat, yang secara khusus telah Allah larang, dan melakukan dosa ketidaktaatan pada godaan ular yang dihasut oleh Iblis, Adam tidak dapat lagi menikmati autoritas yang sedemikian.

Saat mereka taat pada firman kebenaran Allah, Adam dan Hawa menjadi hamba kebenaran dan menikmati autoritas yang telah diberikan Allah kepada mereka, tetapi setelah mereka berdosa, mereka menjadi hamba dosa dan kejahatan dan terpaksa harus melepaskan autoritas itu (Roma 6:16). Demikianlah, semua autoritas yang diterima Adam dari Allah diserahkan kepada iblis.

Di dalam Lukas 4, si musuh iblis menggoda Yesus yang baru selesai berpuasa selama empat puluh hari, sebanyak tiga kali. Iblis itu menunjukkan semua kerajaan yang ada di bumi dan berkata kepada-Nya, *"Segala kuasa itu serta kemuliaannya akan kuberikan kepada-Mu, sebab semuanya itu telah diserahkan kepadaku dan aku memberikannya kepada siapa saja yang kukehendaki. Jadi jikalau Engkau menyembah aku, seluruhnya itu akan menjadi milik-Mu"* (Lukas 4:6-7). Iblis mengatakan bahwa "kuasa dan kemuliaannya" telah "diserahkan kepadaku" dari Adam dan iblis juga dapat menyerahkannya kepada orang lain juga.

Ya, Adam kehilangan segala autoritas dan menyerahkannya kepada iblis, maka sebagai akibatnya ia menjadi hamba iblis. Sejak saat itu, Adam menambahkan dosa demi dosa di bawah kendali iblis, dan ditempatkan di jalan kematian, yang merupakan upah dosa. Hal ini tidak berhenti sampai Adam tetapi mempengaruhi semua keturunannya, yang mewarisi dosa

Mesias yang Dikirim Allah

mula-mula Adam melalui pengaruh keturunan. Mereka juga berada di bawah kekuasaan dosa yang diperintah oleh iblis dan Setan dan ditakdirkan untuk mati.

Hal ini menunjukkan pentingnya kedatangan Mesias. Bukan hanya Israel bangsa pilihan Allah, tetapi juga semua bangsa di dunia memerlukan Mesias yang akan dapat membebaskan mereka dari kekuasaan iblis dan Setan.

Kualifikasi Mesias

Sama seperti ada hukum di dunia ini, demikian juga ada hukum dan peraturan di alam rohani. Apakah seseorang akan jatuh ke dalam kematian atau menerima pengampunan atas dosa-dosanya dan tiba pada keselamatan bergantung pada hukum di alam rohani.

Kualifikasi apakah yang harus dipenuhi oleh seseorang untuk dapat menjadi Mesias yang akan menyelamatkan seluruh umat manusia dari kutuk Hukum Taurat?

Ketentuan mengenai kualifikasi Mesias ini ditemukan di dalam hukum yang Allah berikan kepada bangsa pilihan-Nya. Hukum itu adalah mengenai penebusan tanah.

Tanah jangan dijual mutlak, karena Akulah pemilik tanah itu, sedang kamu adalah orang asing dan pendatang bagi-Ku. Di seluruh tanah milikmu haruslah kamu memberi hak menebus tanah. Apabila saudaramu jatuh miskin, sehingga harus harus menjual sebagian dari miliknya, maka seorang kaumnya yang berhak menebus, yakni kaumnya yang terdekat harus datang dan menebus yang telah dijual saudaranya itu (Imamat 25:23-25).

Hukum Penebusan Tanah Mengandung Rahasia Tentang Kualifikasi Mesias

Israel bangsa pilihan Allah berpegang pada hukum Taurat. Demikianlah, pada saat transaksi jual beli tanah, mereka dengan sangat ketat mengikuti hukum penebusan tanah yang tertulis di dalam Alkitab. Tidak seperti hukum tanah di negeri-negeri lainnya, hukum Israel menyatakan dengan jelas di dalam kontrak bahwa sebuah tanah tidak boleh dijual secara mutlak tetapi dapat dibeli kembali di masa yang akan datang. Hal itu menyediakan jalan bagi seorang kaumnya yang kaya untuk menebus tanah itu bagi anggota keluarganya yang menjual tanah itu. Jika orang itu tidak memiliki sanak saudara yang cukup kaya untuk menebusnya tetapi ia telah memperoleh harta yang cukup untuk menebusnya, maka hukum mengizinkan pemilik asli dari tanah itu untuk menebusnya sendiri.

Lalu, bagaimana hukum penebusan tanah di dalam Kitab Imamat terkait dengan kualifikasi Mesias?

Untuk dapat memahami hal ini dengan lebih baik, kita harus mengingat fakta bahwa manusia dibuat dari debu tanah. Dalam Kejadian 3:19, Allah berkata kepada Adam, *"Dengan berpeluh engkau akan mencari makananmu, sampai engkau kembali lagi menjadi tanah, karena dari situlah engkau diambil; sebab engkau debu dan engkau akan kembali menjadi debu."* Dan dituliskan di dalam Kejadian 3:23, *"Lalu TUHAN Allah mengusir dia dari taman Eden supaya ia mengusahakan tanah dari mana ia diambil."*

Allah mengatakan kepada Adam, "Sebab engkau debu," dan "tanah" secara rohani melambangkan manusia yang dibuat dari debu tanah. Maka, hukum penebusan tanah tentang jual beli tanah secara langsung terkait dengan hukum alam rohani mengenai keselamatan umat manusia.

Menurut hukum penebusan tanah, Allah memiliki semua tanah dan tidak ada manusia yang dapat menjualnya secara mutlak. Dengan tanda yang sama, semua autoritas yang diterima Adam dari Allah sesunggungnya adalah milik Allah dan tidak ada seorang pun yang dapat menjualnya secara mutlak. Jika seseorang menjadi miskin dan menjual tanahnya, maka tanah itu harus ditebus bisa muncul orang yang layak menebusnya. Demikian juga, iblis harus mengembalikan autoritas yang diserahkan kepadanya dari Adam saat seseorang yang dapat menebus autoritas itu muncul.

Berdasarkan hukum penebusan tanah, Allah Pengasih dan Mahaadil mempersiapkan seseorang yang dapat memulihkan semua autoritas yang telah diserahkan oleh Adam kepada iblis. Orang itu adalah Mesias, dan Mesias itu adalah Yesus Kristus yang telah disiapkan dari kekekalan dan dikirim oleh Allah sendiri.

Kualifikasi-Kualifikasi Juru Selamat dan Pemenuhannya oleh Yesus Kristus

Mari kita selidiki mengapa Yesus adalah Mesias dan Juru

Mesias yang Dikirim Allah

Selamat seluruh umat manusia berdasarkan hukum penebusan tanah.

Pertama-tama, sama seperti penebus tanah itu adalah seorang kaum kerabat, maka Juru Selamat juga harus merupakan seorang manusia untuk menebus umat manusia dari dosa-dosa mereka, karena semua umat manusia menjadi pendosa melalui dosa manusia pertama Adam. Imamat 25:25 memberitahu kita, *"Apabila saudaramu jatuh miskin, sehingga harus menjual sebagian dari miliknya, maka seorang kaumnya yang berhak menebus, yakni kaumnya yang terdekat harus datang dan menebus yang telah dijual saudaranya itu."* Jika seseorang tidak lagi mampu untuk mempertahankan tanahnya dan menjual tanah itu, maka kaum kerabatnya yang terdekat dapat membeli kembali tanah itu. Dengan tanda yang sama, karena manusia pertama Adam berbuat dosa dan menyerahkan kepada iblis autoritas Allah yang telah diberikan kepadanya, penebusan atas autoritas itu haruslah dilakukan oleh seorang manusia, "kaum kerabat terdekat" Adam.

Seperti yang kita temukan di dalam 1 Korintus 15:21, *"Sebab sama seperti maut datang karena satu orang manusia, demikian juga kebangkitan orang mati datang karena satu orang manusia,"* Alkitab menegaskan kepada kita bahwa penebusan para pendosa dapat dilakukan bukan oleh malaikat atau binatang melainkan hanya oleh manusia. Umat manusia ditempatkan ke jalan maut akibat dosa Adam manusia pertama, orang lain harus menebus mereka dari dosanya, dan hanya seorang manusia, sebagai "kaum kerabat terdekat" Adam yang dapat melakukannya.

Walaupun Yesus memiliki sifat manusia dan juga sifat ilahi sebagai Anak Allah, Ia dilahirkan sebagai manusia untuk menebus umat manusia dari dosa-dosa mereka (Yohanes 1:14) dan mengalami pertumbuhan. Sebagai seorang manusia, Yesus tidur dan merasakan lapar serta haus, sukacita dan kesedihan. Saat ia digantung di kayu salib, Yesus berdarah dan merasakan sakit yang menyertainya.

Bahkan dalam konteks sejarah, ada sepotong bukti yang tidak terbantahkan yang menyokong fakta bahwa Yesus datang ke dunia ini sebagai seorang manusia. Dengan kelahiran Yesus sebagai titik rujukan, sejarah dunia dibagi menjadi dua: "B.C." (Sebelum Masehi) dan "A.D." (Masehi). "B.C."atau *Before Christ*" (Sebelum Kristus) yang merujuk pada era sebelum kelahiran Yesus dan "A.D." atau *Anno Domini*" ("Dalam Tahun Tuhan Kita") merujuk pada waktu sejak kelahiran Yesus. Fakta ini menegaskan bahwa Yesus datang ke dunia ini sebagai seorang manusia. Demikianlah, Yesus memenuhi kualifikasi pertama sebagai Juru Selamat karena Ia datang ke dunia ini sebagai seorang manusia.

Kedua, sama seperti penebus dari sebuah tanah tidak dapat menebus tanah itu jika ia miskin, maka keturunan Adam tidak dapat menebus umat manusia dari dosa-dosa mereka karena Adam berdosa dan semua keturunannya dilahirkan dengan dosa mula-mula. Orang yang menjadi Juru Selamat seluruh umat manusia haruslah bukan merupakan keturunan Adam.

Jika seorang saudara hendak membayar hutang dari saudarinya, ia sendiri haruslah tidak mempunyai hutang. Dengan cara yang sama, seseorang yang akan menebus saudaranya dari dosa juga haruslah tidak berdosa. Jika penebus itu berdosa, maka ia sendiri merupakan hamba dosa. Lalu, bagaimanakah mungkin ia dapat menebus orang lain dari dosa mereka?

Setelah Adam melakukan dosa ketidaktaatan, semua keturunannya dilahirkan dengan dosa mula-mula. Demikianlah, tidak ada keturunan Adam yang dapat menjadi Juru Selamat.

Kalau berbicara mengenai daging, Yesus adalah keturunan dari Daud dan orangtuanya adalah Yusuf dan Maria. Matius 1:20 mengatakan kepada kita, *"Sebab anak yang di dalam kandungannya adalah dari Roh Kudus."*

Alasannya bahwa semua orang dilahirkan dengan dosa mula-mula adalah karena ia mewarisi bawaan dosa dari orangtuanya melalui sperma ayahnya dan sel telur ibunya. Namun, Yesus tidak dibuahi dari sperma Yusuf dan sel telur Maria melainkan oleh kuasa Roh Kudus. Itu karena ia mengandung sebelum mereka tidur bersama. Allah Yang Mahakuasa dapat membuat seorang anak dibuahi oleh kuasa Roh Kudus tanpa ada persatuan sperma dan sel telur.

Yesus hanya "meminjam" tubuh Perawan Maria. Karena ia dikandung oleh kuasa Roh Kudus, Yesus tidak mewarisi bawaan dosa apa pun. Karena Yesus bukan merupakan keturunan Adam dan tidak memiliki dosa mula-mula, Ia juga memenuhi kualifikasi kedua dari Juru Selamat.

Ketiga, sama seperti seorang penebus tanah harus cukup kaya untuk menebus tanah tersebut, maka Juru Selamat seluruh umat manusia harus memiliki kuasa yang cukup untuk mengalahkan iblis dan menyelamatkan umat manusia dari iblis.

Imamat 25:26-27 memberitahu kita, *"Apabila seseorang tidak mempunyai penebus, tetapi kemudian ia mampu, sehingga didapatnya yang perlu untuk menebus miliknya itu, maka ia harus memasukkan tahun-tahun sesudah penjualannya itu dalam perhitungan, dan kelebihannya haruslah dikembalikannya kepada orang yang membeli dari padanya, supaya ia boleh pulang ke tanah miliknya."* Dengan kata lain, agar seseorang dapat membeli kembali sebuah tanah, ia harus memiliki "segala sesuatu yang diperlukan" untuk melakukannya.

Menyelamatkan para tawanan perang memerlukan satu pihak yang mempunyai kekuatan untuk mengalahkan musuh dan membayar kembali hutang orang lain memerlukan seseorang yang mampu secara keuangan. Dengan tanda yang sama, menyelamatkan seluruh umat manusia dari autoritas iblis memerlukan Juru Selamat yang memiliki kuasa untuk mengalahkan iblis untuk menyelamatkan mereka dari iblis.

Sebelum ia berdosa, Adam memiliki kuasa untuk memerintah atas segala makhluk, tetapi setelah ia jatuh ke dalam dosa, Adam

Mesias yang Dikirim Allah

menjadi tunduk atas autoritas iblis. Dari hal ini kita dapat menyimpulkan bahwa kuasa untuk mengalahkan iblis datang dari keadaan tidak berdosa.

Yesus Anak Allah sepenuhnya tidak memiliki dosa. Karena Yesus dikandung oleh kuasa Roh Kudus dan bukan merupakan keturunan Adam, Ia tidak memiliki dosa mula-mula. Lebih lagi, karena Ia hanya taat pada Hukum Allah sepanjang hidup-Nya, maka Yesus tidak memiliki dosa yang dilakukan-Nya. Karena alasan inilah Rasul Petrus berkata bahwa Yesus, *"[Kristus] tidak berbuat dosa, dan tipu daya tidak ada dalam mulut-Nya. Ketika Ia dicaci maki, Ia tidak membalas dengan mencaci maki; ketika Ia menderita, Ia tidak mengancam, tetapi Ia menyerahkannya kepada Dia, yang menghakimi dengan adil"* (1 Petrus 2:22-23).

Karena ia tidak memiliki dosa apa pun, Yesus memiliki kuasa dan autoritas untuk mengalahkan iblis dan memiliki kuasa untuk menyelamatkan umat manusia dari iblis. Banyak sekali manifestasi-Nya akan tanda-tanda ajaib dan mukjizat yang menjadi saksi akan hal ini. Yesus menyembuhkan orang sakit, mengusir setan, memelekkan mata orang buta, membuat orang tuli dapat mendengar, dan orang lumpuh berjalan. Yesus bahkan meredakan laut yang tengah badai dan membangkitkan orang mati.

Fakta bahwa Yesus tidak memiliki dosa diteguhkan tanpa dapat disangkal lagi oleh peristiwa kebangkitan-Nya. Menurut hukum dari alam rohani, para pendosa harus menghadapi kematian (Roma 6:23). Karena Ia tidak memiliki dosa, Yesus tidak berada di bawah kuasa maut. Ia menghembuskan nafas terakhir-Nya di kayu salib dan tubuh-Nya dikuburkan di dalam makam, tetapi pada hari yang ketiga Ia dibangkitkan.

Tolong diingat bahwa para bapa iman yang besar seperti Henokh dan Elia diangkat ke surga hidup-hidup tanpa menemui kematian karena mereka tidak memiliki dosa dan menjadi dikuduskan sepenuhnya. Demikianlah, pada hari yang ketiga setelah Ia dikubur, Yesus menghancurkan autoritas iblis dan Setan melalui kebangkitan-Nya, dan menjadi Juru Selamat seluruh umat manusia.

Keempat, sama seperti penebus tanah yang harus memiliki kasih untuk menebus tanah kerabatnya, maka Juru Selamat umat manusia harus juga memiliki kasih yang membuat Ia dapat menyerahkan nyawa-Nya bagi orang lain.

Bahkan jika Juru Selamat itu memenuhi tiga kualifikasi pertama yang disebutkan sebelumnya tetapi tidak memiliki kasih, maka Ia tidak dapat menjadi Juru Selamat seluruh umat manusia. Misalkan ada seseorang yang memiliki hutang 100 ribu dolar Amerika dan adiknya adalah seorang multijutawan. Tanpa kasih, maka adiknya itu tidak akan membayar hutang kakaknya dan kekayaannya yang besar tidak berarti apa-apa bagi kakaknya itu.

Yesus datang ke dunia sebagai seorang manusia, bukan merupakan keturunan Adam, dan memiliki kuasa untuk

Mesias yang Dikirim Allah

mengalahkan iblis dan menyelamatkan umat manusia dari iblis karena ia tidak memiliki dosa sama sekali. Namun, jika ia tidak memiliki kasih, Yesus tidak akan menebus umat manusia dari dosa-dosa mereka. "Penebusan yang dilakukan Yesus terhadap umat manusia dari dosa-dosa mereka" berarti Ia harus menerima hukuma maut mewakili mereka. Agar Yesus dapat menebus umat manusia dari dosa-dosa mereka, Ia harus disalibkan sebagai salah satu pendosa paling keji di dunia ini, untuk menderita berbagai cemoohan dan hinaan, dan untuk menumpahkan air dan darah-Nya sampai mati. Karena kasih Yesus bagi umat manusia begitu besar, dan Ia ingin menebus umat manusia dari dosa-dosa mereka, Yesus tidak memikirkan diri-Nya sendiri dengan hukuman penyaliban.

Lalu, mengapakah Yesus harus digantung di kayu salib dan menumpahkan darah-Nya sampai mati. Seperti dikatakan oleh Ulangan 21:23 kepada kita, *"sebab seorang yang digantung [di pohon] terkutuk oleh Allah,"* dan menurut hukum alam rohani menyatakan bahwa "Upan dosa adalah maut," Yesus digantung di kayu untuk menebus semua umat manusia dari kutuk dosa yang mengikat mereka.

Terlebih lagi Imamat 17:11 berkata, *"Karena nyawa makhluk ada di dalam darahnya, dan Aku telah memberikan darah itu kepadamu di atas mezbah untuk mengadakan pendamaian bagi nyawamu; karena darah mengadakan pendamaian dengan perantaraan nyawa,"* tidak ada pengampunan dosa tanpa pertumpahan darah.

Tentu saja, Imamat mengatakan kepada kita bahwa tepung yang baik dapat dipersembahkan kepada Allah sebagai ganti darah binatang. Namun, ukuran ini adalah untuk orang-orang yang tidak mampu mempersembahkan korban binatang. Itu bukanlah jenis persembahan darah yang menyenangkan Allah. Yesus menebus kita dari dosa-dosa kita dengan digantung pada kayu salib dan berdarah sampai mati di sana.

Betapa luar biasanya kasih Yesus sehingga Ia menumpahkan darah-Nya di kayu salib dan membuka jalan keselamatan bagi orang-orang yang menghina dan menyalibkan Dia, walaupun Ia menyembuhkan orang-orang dari berbagai jenis penyakit, melepaskan ikatan kejahatan, dan hanya melakukan kebaikan.

Berdasarkan hukum penebusan tanah, kita menyimpulkan bahwa hanya Yesus yang memenuhi kualifikasi Juru Selamat yang dapat menebus umat manusia dari dosa-dosa mereka.

Jalan Keselamatan Umat Manusia Telah Disiapkan Sebelum Awal Zaman

Jalan keselamatan umat manusia terbuka ketika Yesus mati di kayu salib dan dibangkitkan pada hari yang ketiga setelah pemakamannya, mengalahkan kuasa kematian. Kedatangan Yesus ke dalam dunia ini untuk memenuhi pemeliharaan keselamatan umat manusia dan menjadi Mesias bagi umat manusia telah diperkirakan sejak semula ketika Adam berdosa.

Dalam Kejadian 3:15, *"Aku akan mengadakan permusuhan antara engkau dan perempuan ini, antara keturunanmu dan keturunannya; keturunannya akan meremukkan kepalamu, dan engkau akan meremukkan tumitnya.* " Disini, "perempuan" secara rohani melambangkan Israel pilihan Allah dan "ular" melambangkan sang musuh iblis dan Setan yang menentang Allah. Ketika keturunan "perempuan itu" akan "meremukkan kepala [ular]", ini berarti bahwa Juru Selamat umat manusia akan datang dari bangsa Israel dan mengalahkan kuasa kematian dari iblis sang musuh.

Seekor ular menjadi tidak berdaya ketika kepalanya terluka. Dengan cara yang sama, Allah memberitahu ular bahwa keturunan perempuan itu akan meremukkan kepalanya

Karena dia telah menjadi bersiap-siap tentang hal ini, iblis berupaya untuk membunuh keturunan perempuan itu sebelum Dia dapat menyebabkan kerusakan pada kepalanya. Itulah mengapa iblis percaya bahwa dia dapat selamanya menikmati autoritas yang telah diserahkan padanya karena ketidaktaatan Adam hanya jika dia dapat membunuh keturunan perempuan tersebut. Sang musuh iblis, bagaimanapun, tidak mengetahui siapa persisnya keturunan dari perempuan itu dan karenanya membuat rencana untuk membunuh orang-orang yang setia kepada Allah dan nabi-nabi yang dikasihi Allah mulai sejak masa Perjanjian Lama.

Ketika Musa dilahirkan, sang musuh ibliss menghasut Firaun Mesir untuk membunuh seluruh bayi laki-laki yang lahir dari semua perempuan Israel (Keluaran 1:15-22), dan ketika Yesus datang ke dunia dalam wujud daging, dia menggerakkan hati

Raja Herodes dan membuat dia membunuh semua bayi laki-laki yang ada di Betlehem dan sekitarnya, mulai dari usia dua tahun ke bawah. Untuk alasan tersebut, Allah bekerja bagi keluarga Yesus dan membimbing mereka untuk melarikan diri ke Mesir.

Setelah Yesus tumbuh di bawah pemeliharaan Allah sendiri, dan memulai pelayanan-Nya pada usia 30 tahun. Yesus berkeliling seluruh Galilea, mengajar dalam sinagoga mereka, dan menyembuhkan segala jenis kesakitan diantara orang-orang, membangkitkan orang mati, dan memberitahkan injil kerajaan surga bagi mereka yang miskin.

Iblis dan setan menghasut imam kepala, ahli-ahli Taurat, dan orang-orang Farisi, dan mulai merencanakan cara-cara untuk membunuh Yesus melalui mereka. Tetapi yang jahat tersebut tidak dapat mencelakai Yesus sampai waktu yang ditetapkan Allah. Hanya setelah akhir masa tiga setengah tahun pelayanan Yesus maka Allah mengijinkan mereka untuk menangkap dan menyalibkan Yesus untuk memenuhi pemeliharaan keselamatan bagi umat manusia melalui penyaliban Yesus.

Mengalah pada tekanan orang-orang Yahudi, Gubernur Romawi Pontius Pilatus memerintahkan Yesus kepada penyaliban, dan kemudian tentara Romawi memahkotai Yesus dengan semak duri dan memaku tangan dan kaki-Nya ke kayu salib.

Penyaliban merupakan salah satu metode yang paling kejam untuk mengeksekusi seorang penjahat. Ketika iblis telah berhasil menyalibkan Yesus dalam cara yang kejam tersebut oleh orang-

orang jahat, betapa iblis merasa sangat bersukacita! Sepertinya tidak ada seseorang atau sesuatu di dunia yang mampu menahannya memerintah seluruh dunia, dan menyanyikan lagu-lagu sukacita sambil menari-nari. Tetapi pemeliharaan Allah akan ditemukan di sini.

Tetapi yang kami beritakan ialah hikmat Allah yang tersembunyi dan rahasia, yang sebelum dunia dijadikan, telah disediakan Allah bagi kemuliaan kita. Tidak ada dari penguasa dunia ini yang mengenalnya, sebab kalau sekiranya mereka mengenalnya, mereka tidak menyalibkan Tuhan yang mulia (1 Korintus 2:7-8).

Karena Allah itu adil, Dia tidak menerapkan autoritas mutlak kepada manusia sehingga dapat melanggar hukum Taurat tetapi melakukan segala sesuatu sesuai dengan hukum Taurat alam rohani. Karenanya, Dia telah membuka jalan keselamatan bagi umat manusia sebelum awal mula zaman sesuai dengan hukum Allah.

Menurut hukum Taurat alam rohani, yang berkata, *"sebab upah dosa ialah maut"* (Roma 6:23), jika seseorang tidak berdosa, dia tidak akan mencapai kematian. Namun demikian, iblis menyalibkan orang yang tidak berdosa, tidak bercacat cela, Yesus. Karenanya iblis telah melanggar hukum alam rohani dan harus membayar hukuman dengan mengembalikan autoritas yang pernah diberikan Adam kepadanya setelah dia melakukan dosa ketidaktaatan. Dengan kata lain, iblis sekarang dipaksa untuk melepaskan cengkeramannya pada semua orang yang mau menerima Yesus sebagai Juru Selamat mereka dan percaya dalam nama-Nya.

Jika sang musuh iblis telah mengetahui hikmat Allah ini, dia tidak akan menyalibkan Yesus. Karena dia tidak tahu akan rahasia ini, makanya, dia telah membunuh Yesus yang tidak berdosa, percaya penuh bahwa dia dapat mencengkeram dunia dalam genggamannya selamanya. Tetapi dalam kenyataannya iblis jatuh ke dalam jeratnya sendiri, dan berakhir dengan melanggar hukum alam rohani. Betapa luar biasanya hikmat Allah!

Kebenarannya adalah bahwa sang musuh iblis menjadi alat dalam penggenapan pemeliharaan Allah untuk keselamatan umat manusia dan seperti yang dinubuatkan dalam kitab Kejadian kepalanya "diremukkan" oleh keturunan perempuan itu.

Oleh pemeliharaan dan hikmat Allah, Yesus yang tidak berdosa mati untuk membebaskan seluruh umat manusia dari dosa-dosa mereka, dan dengan bangkit pada hari yang ketiga, Dia mematahkan autoritas sang musuh iblis atas kematian dan menjadi Raja segala raja dan Tuhan dari segala tuhan. Dia membuka pintu keselamatan sehingga kita dapat menjadi benar melalui iman kepada Yesus Kristus.

Oleh karena itu, tidak terhitung jumlah orang di seluruh sejarah umat manusia telah diselamatkan melalui iman kepada Yesus Kristus dan lebih banyak lagi hari ini yang menerima Tuhan Yesus Kristus.

Menerima Roh Kudus Melalui Iman kepada Yesus Kristus

Mengapa kita menerima keselamatan ketika kita percaya kepada Yesus Kristus? Setelah menerima Yesus Kristus sebagai Juru Selamat kita, kita menerima Roh Kudus dari Allah. Ketika kita menerima Roh Kudus, roh kita, yang telah mati, dibangkitkan kembali. Karena Roh Kudus adalah kuasa dan hati Allah, Roh Kudus memimpin anak-anak Allah kepada kebenaran dan menolong mereka hidup sesuai dengan kehendak Allah.

Karenanya, mereka yang benar-benar percaya Yesus Kristus menjadi Juru Selamat mereka akan mengikuti keinginan Roh Kudus dan berusaha untuk hidup sesuai dengan firman Allah. Mereka akan menjauhkan diri mereka dari kebencian, mudah marah, cemburu, iri hati, menghakimi dan menyalahkan orang lain, dan perzinahan, dan sebaliknya berjalan dalam kebaikan dan kebenaran dan mengerti, melayani, dan mengasihi orang lain.

Seperti yang telah disebutkan seblumnya, ketika manusia pertama Adam berdosa dengan memakan buah dari pohon pengetahuan akan yang baik dan yang jahat, roh dalam manusia mati dan manusia berada pada jalan menuju kebinasaan. Tetapi ketika kita menerima Roh Kudus, roh kita yang mati dibangkitkan kembali dan semakin banyak kita mencari keinginan Roh Kudus dan berjalan dalam firman kebenaran

Allah , kita lambat laun akan menjadi orang yang benar dan memulihkan gambar Allah yang telah hilang.

Ketika kita berjalan dalam firman kebenaran Allah, iman kita akan dikenal sebagai "iman sejati" dan karena dosa-dosa kita akan dihapuskan oleh darah Yesus sesuai dengan perbuatan iman kita, kita akan menerima keselamatan. Untuk alasan itu, 1 Yohanes 1:7 berkata, *"Tetapi jika kita hidup di dalam terang sama seperti Dia ada di dalam terang, maka kita beroleh pesekutuan seorang dengan yang lain, dan darah Yesus, Anak-Nya itu, menyucikan kita dari pada segala dosa."*

Inilah sebabnya mengapa kita sampai pada keselamatan oleh iman setelah menerima pengampunan atas dosa-dosa kita. Namun, jika kita berjalan dalam dosa meskipun kita mengaku beriman, pengakuan iman tersebut adalah sebuah kebohongan, darah Tuhan Yesus Kristus tidak dapat membebaskan kita dari dosa-dosa kita dan Dia tidak dapat menjamin keselamatan kita.

Tentu saja, berbeda ceritanya untuk orang-orang yang baru saja menerima Yesus Kristus. Meskipun jika mereka belum berjalan dalam kebenaran, Allah akan memeriksa hati mereka, yakin bahwa mereka akan diubahkan, dan membimbing mereka kepada keselamatan ketika mereka berusaha untuk berjalan menuju kebenaran.

Yesus Menggenapi Nubuatan-Nubuatan

Firman Allah tentang Mesias yang telah dinubuatkan oleh para nabi telah digenapi oleh Yesus. Setiap aspek kehidupan Yesus, mulai dari kelahiran dan pelayanan-Nya, sampai kematian dan penyaliban dan kebangkitan-Nya, ada dalam pemeliharaan Allah bagi-Nya untuk menjadi Mesias dan Juru Selamat bagi seluruh umat manusia.

Yesus Lahir dari Seorang Perawan di Betlehem

Allah menubuatkan kelahiran Yesus melalui Nabi Yesaya. Pada waktu yang telah ditetapkan Allah, kuasa Allah Mahatinggi turun ke atas seorang perempuan yang tidak bernoda yang bernama Maria di Nazaret di Galilea dan dia kemudian mengandung seorang anak.

Sebab itu Tuhan sendirilah yang akan memberikan kepadamu suatu pertanda: Sesungguhnya, seorang perempuan muda mengandung dan akan melahirkan seorang anak laki-laki, dan ia akan menamakan Dia Imanuel (Yesaya 7:14).

Seperti yang telah Allah janjikan kepada orang Israel, *"Tidak akan ada akhir bagi garis keturunan raja dalam Rumah Daud,"* Dia membuat Mesias untuk datang dari seorang perempuan bernama Maria, yang akan menikah dengan Yusuf, seorang keturunan Daud. Karena seorang keturunan Adam yang lahir dengan dosa keturunan tidak dapat membebaskan umat manusia dari dosa-dosa mereka, Allah menggenapi nubuat ini dengan memilih perawan Maria melahirkan Yesus sebelum dia dan Yusuf menikah.

Tetapi engkau, hai Betlehem Efrata, hai yang terkecil di antara kaum-kaum Yehuda, dari padamu akan bangkit bagi-Ku seorang yang akan memerintah Israel, yang permulaannya sudah sejak purbakala, sejak dahulu kala (Mikha 5:2).

Alkitab menubuatkan bahwa Yesus akan dilahirkan di Betlehem. Dan benar, Yesus dilahirkan di Betlehem di Yudea dalam masa pemerintahan Raja Herodes (Matius 2:1), dan sejarah membuktikan peristiwa ini.

Ketika Yesus dilahirkan, Raja Herodes takut akan adanya ancaman atas tahtanya, dan berusaha membunuh Yesus. Namun, karena dia tidak dapat menemukan bayi tersebut, Raja Herodes, membunuh semua anak laki-laki di Betlehem dan sekitarnya, dari usia dua tahun ke bawah dan karenanya terjadi isak tangis dan ratapan di seluruh negeri.

Jika Yesus tidak datang ke dunia ini sebagai Raja sejati Orang

Mesias yang Dikirim Allah

Yahudi, mengapa seorang raja telah mengorbankan begitu banyak anak-anak untuk membunuh seorang bayi? Tragedi ini dibuat karena sang musuh iblis yang mencari cara untuk membunuh Mesias merasa ketakutan kehilangan kuasanya atas dunia telah menggerakkan hati Raja Herodes yang takut kehilangan mahkotanya dan membuat dia melakukan tindakan kejam tersebut.

Yesus Bersaksi Tentang Allah yang Hidup

Sebelum permulaan pelayanan-Nya, Yesus sepenuhnya memelihara Hukum Taurat selama tiga puluh tahun masa hidupnya. Dan ketika Dia telah cukup usia untuk menjadi seorang imam, Dia mulai melakukan pelayanan-Nya untuk menjadi Mesias seperti yang direncanakan sebelum permulaan zaman.

Roh Tuhan ALLAH ada padaku, oleh karena TUHAN telah mengurapi aku; Ia telah mengutus aku untuk menyampaikan kabar baik kepada orang-orang sengsara, dan merawat orang-orang yang remuk hati, untuk memberitakan pembebasan kepada orang-orang tawanan, dan kepada orang-orang yang terkurung kelepasan dari penjara, untuk memberitakan tahun rahmat TUHAN dan hari pembalasan Allah kita, untuk menghibur semua orang berkabung, untuk mengaruniakan kepada mereka perhiasan kepala ganti

abu, minyak untuk pesta ganti kain kabung, nyanyian
puji-pujian ganti semangat yang pudar. supaya orang
menyebutkan mereka "pohon tarbantin kebenaran",
"tanaman TUHAN" untuk memperlihatkan keagungan-
Nya (Yesaya 61:1-3).

Seperti yang kita temukan dalam nubuatan di atas, Yesus
memecahkan semua permasalahan hidup dengan kuasa Allah
dan menghiburkan orang yang patah hati. Dan ketika waktu
yang ditetapkan Allah tiba, Yesus pergi ke Yerusalem untuk
menjalani Penderitaan.

Bersorak-soraklah dengan nyaring, hai puteri Sion!
bersorak-sorailah, hai puteri Yerusalem! Lihat, rajamu
datang kepadamu; ia adil dan jaya. Ia lemah lembut dan
mengendarai seekor keledai, seekor keledai beban yang
muda (Zakharia 9:9).

Menurut nubuat nabi Zakharia, Yesus memasuki kota
Yerusalem mengendarai seekor keledai jantan yang muda. Orang
banyak berteriak, *"Hosana bagi Anak Daud, diberkatilah*
Dia yang datang dalam nama Tuhan, hosana di tempat yang
mahatinggi!" (Matius 21:9), dan ada kesukaan besar di seluruh
kota. Orang-orang bersukacita seperti itu karena Yesus telah
memanifestasikan tanda-tanda dan keajaiban yang sangat luar
biasa seperti berjalan di atas air dan membangkitkan orang mati.
Namun, tak lama setelah itu, kerumunan orang banyak tersebut

akan menghianati dan menyalibkan Dia.

Ketika mereka melihat betapa banyaknya kerumunan orang yang mengikuti Yesus untuk mendengarkan perkataan-Nya yang penuh kuasa dan untuk melihat manifestasi kuasa Allah, para imam, orang-orang Farisi, dan ahli-ahli Taurat merasa posisi mereka dalam masyarakat sedang terancam. Dengan rasa kebencian yang besar kepada Yesus ini, mereka merencanakan untuk membunuh Dia. Mereka menciptakan semua bukti-bukti palsu melawan Yesus dan menuduh-Nya menipu dan menghasut orang-orang. Yesus menunjukkan pekerjaan kuasa Allah yang sungguh mengagumkan yang tidak dapat dilakukan oleh orang lain kecuali Allah sendiri ada bersama Dia, tetapi mereka mencoba untuk menyingkirkan Yesus.

Pada akhirnya, seorang murid Yesus menghianati Dia dan para imam membayarnya tiga puluh keping perak karena menolong mereka menangkap Yesus. Nubuat nabi Zakharia tentang upah tiga puluh keping perak, yang berkata, *"Lalu aku mengambil ketiga puluh uang perak itu dan menyerahkannya kepada penuang logam di rumah TUHAN,"* telah digenapi (Zakharia 11:12-13).

Kemudian orang yang menghianati Yesus untuk tiga puluh keping perak tersebut, tidak dapat menghilangkan rasa bersalahnya, dan melemparkan tiga puluh keping perak tersebut ke bait suci, tetapi para imam menggunakan uang tersebut untuk membeli sebuah "tanah tukang periuk" (Matius 27:3-10).

Penderitaan dan Kematian Yesus

Seperti yang dinubuatkan Nabi Yesaya, Yesus menjalani Penderitaan untuk menyelamatkan semua orang. Karena Yesus datang ke dalam dunia ini untuk menggenapi pemeliharaan untuk membebaskan umat-Nya dari dosa-dosa mereka, Dia digantung dan mati di kayu salib yang merupakan lambang kutukan dan dikorbankan bagi Allah sebagai korban penebus salah bagi umat manusia.

Tetapi sesungguhnya, penyakit kitalah yang ditanggungnya, dan kesengsaraan kita yang dipikulnya, padahal kita mengira dia kena tulah, dipukul dan ditindas Allah. Tetapi dia tertikam oleh karena pemberontakan kita, dia diremukkan oleh karena kejahatan kita; ganjaran yang mendatangkan keselamatan bagi kita ditimpakan kepadanya, dan oleh bilur-bilurnya kita menjadi sembuh. Kita sekalian sesat seperti domba, masing-masing kita mengambil jalannya sendiri, tetapi TUHAN telah menimpakan kepadanya kejahatan kita sekalian. Dia dianiaya, tetapi dia membiarkan diri ditindas dan tidak membuka mulutnya seperti anak domba yang dibawa ke pembantaian; seperti induk domba yang kelu di depan orang-orang yang menggunting bulunya, ia tidak membuka mulutnya. Sesudah penahanan dan penghukuman ia terambil, dan tentang nasibnya siapakah yang memikirkannya?

Sungguh, ia terputus dari negeri orang-orang hidup,
dan karena pemberontakan umat-Ku ia kena tulah.
Orang menempatkan kuburnya di antara orang-orang
fasik, dan dalam matinya ia ada di antara penjahat-
penjahat, sekalipun ia tidak berbuat kekerasan dan tipu
tidak ada dalam mulutnya. Tetapi TUHAN berkehendak
meremukkan dia dengan kesakitan. Apabila ia
menyerahkan dirinya sebagai korban penebus salah, ia
akan melihat keturunannya, umurnya akan lanjut, dan
kehendak TUHAN akan terlaksana olehnya. (Yesaya
53:4-10).

Selama masa Perjanjian Lama, darah hewan dipersembahkan kepada Allah setiap kali seseorang berdosa kepada-Nya. Tetapi Yesus menumpahkan darah-Nya yang murni sehingga baik dosa keturunan atau dosa yang dilakukan sendiri dan "mempersembahkan sebuah korban untuk dosa yang dilakukan di sepanjang masa" sehingga semua manusia dapat menerima pengamounan atas dosa-dosa mereka dan mendapatkan hidup yang kekal (Ibrani 10:11-12). Karenanya, Dia membuka jalan untuk pengampunan dosa dan keselamatan melalui iman kepada Yesus Kristus dan kita tidak perlu lagi mengorbankan darah hewan.

Ketika Yesus menghembuskan nafas terakhir-Nya di kayu salib, tirai bait Allah terbelah menjadi dua dari atas sampai ke bawah (Matius 27:51). Tirai bait Allah ini merupakan sebuah tirai besar yang memisahkan ruangan Maha Kudus dengan

Ruang Kudus di dalam Bait Allah, dan tidak sembarangan orang yang boleh memasuki Ruang Kudus tersebut. Hanya imam besar yang dapat memasuki ruangan Maha Kudus sekali dalam setahun.

Kenyataan bahwa "tirai bait Allah terkoyak menjadi dua dari atas sampai ke bawah" melambangkan bahwa ketika Dia mengorbankan diri-Nya sendiri sebagai pendamai Yesus menghancurkan dinding dosa yang berdiri antara Allah dan kita. Pada masa Perjanjian Lama, imam besar harus memberikan persembahan kepada Allah untuk penebusan bangsa Isrel dari dosa-dosa mereka dan berdoa kepada Allah atas nama bangsa Israel. Sekarang ketika dinding dosa yang menghalangi jalan kita kepada Allah telah dihancurkan, kita sendiri dapat langsung berkomunikasi dengan Allah. Dengan kata lain, setiap orang yang percaya kepada Yesus Kristus dapat memasuki tempat kudud Allah dan menyembah Dia dan berdoa kepadanya.

Sebab itu Aku akan membagikan kepadanya orang-orang besar sebagai rampasan, dan ia akan memperoleh orang-orang kuat sebagai jarahan, yaitu sebagai ganti karena ia telah menyerahkan nyawanya ke dalam maut dan karena ia terhitung di antara pemberontak-pemberontak, sekalipun ia menanggung dosa banyak orang dan berdoa untuk pemberontak-pemberontak (Yesaya 53:12).

Seperti yang dituliskan oleh Nabi Yesaya tentang Penderitaan dan Penyaliban Mesias, Yesus mati di kayu salib untuk dosa-dosa semua orang tetapi diperhitungkan dengan para pelanggar hukum Bahkan ketika Dia sedang sekarat di kayu salib, Dia meminta Allah untuk mengampuni mereka yang menyalibkan Dia.

Ya Bapa, ampunilah mereka, sebab mereka tidak tahu apa yang mereka perbuat. (Lukas 23:34).

Ketika Dia mati di kayu salib, nubuat Pemazmur, *"Ia melindungi segala tulangnya, tidak satupun yang patah"* (Mazmur 34:20) digenapi. Kita dapat menemukan penggenapannya dalam Yohanes 19:32-33, *"Maka datanglah prajurit-prajurit lalu mematahkan kaki orang yang pertama dan kaki orang yang lain yang disalibkan bersama-sama dengan Yesus; tetapi ketika mereka sampai kepada Yesus dan melihat bahwa Ia telah mati, mereka tidak mematahkan kaki-Nya."*

Yesus Memenuhi Pelayanan-Nya untuk Menjadi Mesias

Yesus menanggung dosa-dosa umat manusia di kayu salib dan mati bagi mereka sebagai korban penebus dosa, tetapi penggenapan pemeliharaan keselamatan bukanlah melalui kematian Yesus.

Seperti yang dinubuatkan dalam Mazmur 16:10, *"Sebab*

Engkau tidak menyerahkan aku ke dunia orang mati, dan tidak membiarkan Orang Kudus-Mu melihat kebinasaan," dan dalam Mazmur 118:17, *"Aku tidak akan mati, tetapi hidup, dan aku akan menceritakan perbuatan-perbuatan TUHAN,"* tubuh Yesus tidak menjadi hancur dan Dia bangkit pada hari yang ketiga.

Lebih jauh dinubuatkan dalam Mazmur 68:18, *"Engkau telah naik ke tempat tinggi, telah membawa tawanan-tawanan; Engkau telah menerima persembahan-persembahan di antara manusia, bahkan dari pemberontak-pemberontak untuk diam di sana, ya TUHAN Allah,"* Yesus naik ke surga dan menanti hari-hari terakhir dimana Dia akan menyelesaikan pengembangan umat manusia dan memimpin umat-Nya ke surga.

Sangat mudah dicatat bagaimana semua yang dinubuatkan Allah tentang Mesias melalui nabi-nabi-Nya telah digenapi melalui Yesus Kristus.

Kematian Yesus dan Nubuatan-Nubuatan Atas Israel

Umat pilihan Allah Israel gagal mengenali Yesus sebagai Mesias. Tetapi, Allah tidak meninggalkan umat yang telah dipilih-Nya dan sekarang sedang menyelesaikan pemeliharaan-Nya untuk keselamatan Israel.

Bahkan melalui penyaliban Yesus, Allah menubuatkan masa depan Israel, dan ini karena kasih-Nya yang tak pernah habis bagi mereka dan kerinduan-Nya agar mereka percaya kepada Mesias yang telah Allah kirimkan dan untuk meraih keselamatan.

Penderitaan untuk Israel yang Telah Menyalibkan Yesus

Meskipun Gubernur Romawi Pontius Pilatus yang menyatakan Yesus untuk disalibkan, adalah orang Yahudi yang mendesak Pilatus untuk membuat keputusan itu. Pilatus sadar bahwa tidak ada dasar untuk membunuh Yesus, tetapi orang banyak menekan dia, berteriak untuk penyaliban Yesus, sampai akhirnya memulai sebuah pemberontakan.

Menguatkan keputusannya untuk menyalibkan Yesus, Pilatus mengambil air dan mencuci tangannya di depan orang banyak dan berkata kepada mereka, *"Aku tidak bersalah terhadap darah orang ini; itu urusan kamu sendiri!"* (Matius 27:24). Sebagai jawabannya, orang Yahudi berteriak, *"Biarlah darah-Nya ditanggungkan atas kami dan atas anak-anak kami!"* (Matius 27:25).

Pada tahun 70 M, Yerusalem jatuh ke tangan Jenderal Titus dari Romawi. Bait Allah dihancurkan dan orang-orang yang selamat dipaksa meninggalkan kampung halamannya dan terserak ke seluruh dunia. Karenanya Diaspora pun mulai dan berlangsung terus selama hampir dua ribu tahun. Selama periode Diaspora ini banyaknya penyiksaan yang dialami oleh orang-orang Israel tidak dapat dijelaskan kata-kata.

Ketika Yerusalem jatuh, sekitar 1,1 juta orang Yahudi dibantai, dan selama Perang Dunia II, kurang lebih enam juta orang Yahudi yang dibunuh oleh tentara Nazi. Ketika mereka dibantai oleh tentara Nazi, orang Yahudi ditelanjangi dan ini mengenangkan ketika Yesus disalibkan dengan telanjang.

Tentu saja, dari sudut pandang bangsa Israel, mereka dapat membantah bahwa penderitaan mereka bukanlah akibat dari perbuatan mereka menyalibkan Yesus. Melihat kembali ke sejarah Israel, bagaimanapun, dapat dengan mudah dicatat bahwa Israel dan orang-orangnya dilindungi oleh Allah dan berkembang dengan pesat ketika mereka hidup sesuai dengan kehendak Allah. Ketika mereka menjauhkan diri mereka dari kehendak Allah, bangsa Israel didisiplinkan dan mengalami penderitaan dan pencobaan.

Jadi kita tahu bahwa penderitaan Israel bukanlah tanpa sebab. Jika menyalibkan Yesus adalah berkenan di mata Allah, mengapa Allah meninggalkan Israel di tengah-tengah penderitaan yang terus menerus dan keras untuk jangka waktu yang lama?

Pakaian Luar dan Jubah Yesus, dan Masa Depan Israel

Peristiwa lain yang memberi pertanda akan hal-hal yang akan menimpa Israel terjadi pada lokasi penyaliban Yesus. Sebagaimana yang kita baca dalam Mazmur 22:18, *"Mereka membagi-bagi pakaianku di antara mereka, dan mereka membuang undi atas jubahku,"* tentara Romawi mengambil pakaian luar Yesus dan membaginya menjadi empat bagian, satu bagian untuk setiap tentara, sementara mereka mengundi jubah-Nya dan salah seorang tentara membawanya.

Bagaimana peristiwa ini berhubungan dengan masa depan Israel? Karena Yesus adalah Raja Orang Yahudi, pakaian luar Yesus secara rohani melambangkan bangsa pilihan Allah, negara Israel dan orang-orangnya. Ketika pakaian luar Yesus dibagi menjadi empat bagian dan bentuk pakaiannya menghilang, ini memberi pertanda tentang kehancuran negara Israel. Namun, karena bahan pakaian luar tersebut masih tetap ada, peristiwa ini juga meramalkan bahwa meskipun ketika negara Israel mungkin hilang, nama "Israel" akan tetap ada.

Apakah arti dari fakta bahwa tentara Romawi mengambil pakaian luar Yesus dan membaginya menjadi empat bagian, satu bagian untuk masing-masing tentara? Hal ini berarti bahwa prang-orang Israel akan dihancurkan oleh Roma dan akan terpencar-pencar. Nubuat ini juga digenapi dengan jatuhnya Yerusalem dan penghancuran negara Israel, yang memaksa orang

Yahudi untuk terpencar ke bagian-bagian dunia yang berbeda.

Tentang Jubah Yesus, Yohanes 19:23 menyatakan, *"Jubah itu tidak berjahit, dari atas ke bawah hanya satu tenunan saja."* Fakta bahwa jubah-Nya "tidak berjahit" menandakan bahwa tidak ada banyak lapisan kain yang dijahit bersama untuk membentuk pakaian ini.

Sebagian besar orang tidak terlalu banyak memikirkan bagaimana pakaian mereka bisa berbentuk. Mengapa, kemudian, Alkitab mencatat secara rinci struktur dari jubah Yesus? Dalam peristiwa ini adalah sebuah nubuat akan peristiwa yang akan terjadi bagi ornag-orang Israel.

Jubah Yesus melambangkan hati orang Israel, hati yang mereka gunakan untuk melayani Allah. Fakta bahwa jubah tersebut "tidak berjahit, dibentuk menjadi satu bagian" menandakan hati orang Israel terhadap Allah telah ada dari sejak nenek moyang mereka Yakub dan tidak berubah dalam segala keadaan.

Melalui Dua Belas Suku pada masa Abraham, Ishak, dan Yakub, mereka membentuk sebuah bangsa dan orang-orang Israel telah menjaga dengan teguh kemurnian mereka sebagai sebuah bangsa dengan tidak melakukan pernikahan dengan orang-orang Bukan Yahudi. Setelah terpecah menjadi Kerajaan Israel di bagian utara dan Kerajaan Yehuda di bagian selatan, orang-orang di kerajaan utara melakukan pernikahan dengan orang bukan Yahudi tetapi orang-orang Yehuda tetap merupakan sebuah bangsa homogen (murni). Bahkan sampai hari ini, orang-

orang Yahudi tetap menjaga identitas mereka sama seperti ketika masa bapa-bapa iman.

Oleh karena itu, meskipun pakaian luar Yesus dikoyakkan menjadi empat bagian, jubah-Nya tetap utuh. Hal ini menandakan bahwa ketika bentuk negara Israel sudah tidak ada, hati orang-orang Israel terhadap Allah dan iman mereka kepada-Nya tidak dapat dihilangkan.

Karena mereka memiliki hati yang tidak bercabang ini, Allah memilih mereka sebagai umat pilihan-Nya dan melalui mereka Dia akan menyelesaikan rencana dan kehendak-Nya sampai hari ini. Bahkan setelah melewati masa seribu tahun, orang-orang Israel akan tetap berpegang teguh pada Hukum Taurat. Hal ini karena mereka telah mewarisi keteguhan hati Yakub.

hasilnya, hampir 1.900 tahun setelah mereka kehilangan negara mereka, orang Israel mengguncangkan dunia dengan mendeklarasikan kemerdekaan mereka dan merubah status keberadaan mereka pada tanggal 14 Mei 1948.

Aku akan menjemput kamu dari antara bangsa-bangsa dan mengumpulkan kamu dari semua negeri dan akan membawa kamu kembali ke tanahmu (Yehezkiel 36:24).

Dan kamu akan diam di dalam negeri yang telah Kuberikan kepada nenek moyangmu dan kamu akan menjadi umat-Ku dan Aku akan menjadi Allahmu (Yehezkiel 36:28).

Seperti yang telah dinubuatkan dalam Perjanjian Lama, "Sesudah waktu yang lama sekali engkau akan mendapat perintah; pada hari yang terkemudian," orang Israel mulai berkumpul ke Palestina dan kembali mendirikan sebuah Negara (Yehezkiel 38:8). Lebih lagi, dengan berkembang menjadi salah satu negara yang berkuasa di dunia, Israel sekali lagi telah menyatakan kepada dunia karakter superior mereka sebagai sebuah bangsa.

Allah Merindukan Israel Agar Bersiap-siap untuk Kembalinya Yesus

Allah merindukan Israel yang telah dipulihkan- menjadi baru untuk mengantisipasi dan bersiap akan Kembalinya Mesias. Yesus datang ke tanah Israel sekitar dua ribu tahun yang lalu, telah menggenapi pemeliharaan akan keselamatan bagi umat manusia dan menjadi Juru Selamat dan Mesias bagi mereka. Ketika Dia naik ke surga, Dia berjanji untuk kembali dan sekarang Allah ingin umat pilihan-Nya menantikan kembalinya Mesias dengan iman sejati.

Ketika Mesias Yesus Kristus datang kembali, Dia tidak akan datang dengan rombongan yang jelek atau harus mengalami hukuman kayu salib seperti yang Dia alami dua ribu tahun yang lalu. Melainkan, Dia akan muncul dengan diiringi oleh penghuni dan malaikat surga dan kembali ke dunia sebagai Raja atas segala raja dan Tuhan atas segala tuhan dalam kemuliaan Allah sehingga seluruh dunia dapat melihatnya.

Lihatlah, Ia datang dengan awan-awan dan setiap mata akan melihat Dia, juga mereka yang telah menikam Dia. Dan semua bangsa di bumi akan meratapi Dia. Ya, amin (Wahyu 1:7).

Ketika waktu yang ditetapkan itu tiba, semua orang, orang percaya dan orang yang tidak percaya, akan melihat kembalinya Allah di udara. Pada hari itu, semua orang yang percaya Yesus sebagai Juru Selamat seluruh umat manusia akan diangkat ke awan dan mengambil bagian dalam Perjamuan Kawin di udara, tetapi yang lainnya akan tertinggal dalam perkabungan.

Karena Allah menciptakan manusia pertama Adan dan memulai pengembangan umat manusia, maka akan ada juga akhirnya. Sama seperti seorang petani menabur benig dan menuai hasil panen, akan ada juga waktu penuaian bagi pengembangan umat manusia. Pengembangan Allah atas umat manusia akan diselesaikan dengan Kedatangan Mesias Yesus Kristus yang Kedua kalinya.

Yesus berkata pada kita dalam Wahyu 22:7, *"Sesungguhnya Aku datang segera. Berbahagialah orang yang menuruti perkataan-perkataan nubuat kitab ini!"*

Waktu kita sekarang adalah merupakan hari-hari terakhir. Dalam kasih-Nya yang tidak terukur bagi Israel, Allah tetap memberikan penerangan pada umat-Nya melalui sejarah mereka sehingga mereka akan menerima Mesias. Allah sungguh-sungguh merindukan tidak hanya umat pilihan-Nya Israel tetapi juga seluruh umat manusia untuk menerima Yesus Kristus sebelum kesudahan pengembangan umat manusia.

Alkitab Ibrani, dikenal oleh orang Kristen sebagai Perjanjian Lama

Bab 3

ALLAH YANG DIPERCAYAI ORANG ISRAEL

Hukum Taurat dan Tradisi

Ketika Allah memimpin umat pilihan-Nya, Israel, keluar dari Mesir dan masuk ke tanah perjanjian Kanaan, Dia turun ke puncak Gunung Sinai. Kemudian TUHAN Allah memanggil Musa, pemimpin Pengeluaran, kepada-Nya dan berkata bahwa para imam harus mentahbiskan dirinya ketika mereka menghampiri Allah. Sebagai tambahan, Allah memberi mereka Sepuluh Perintah dan hukum-hukum lainnya melalui Musa.

Ketika Musa telah menceritakan kembali semua perkataan dari Allah Yehova dan peraturan-peraturan untuk mereka, mereka menjawab dengan sepakat dan berkata, *"Segala firman yang telah diucapkan TUHAN itu, akan kami lakukan."* (Keluaran 24:3) Tetapi ketika Musa berada di Gunung Sinai untuk memenuhi panggilan Allah, orang Israel meminta Harun untuk membuat patung seekor lembu dan melakukan dosa besar dengan menyembah berhala.

Bagaimana mereka tetap dapat menjadi umat pilihan Allah dan melakukan dosa yang sedemikian besar? Semua manusia sejak Adam, yang melakukan dosa ketidaktaatan, adalah keturunan Adam dan semua dilahirkan dengan sifat dasar untuk berbuat dosa. Mereka didorong untuk melakukan dosa sampai akhirnya mereka disucikan melalui penyunatan hati. Itulah mengapa Allah mengirim Anak-Nya yang tunggal Yesus, dan melalui penyaliban Yesus Dia membuka gerbang sehingga umat manusia dapat diampuni dari semua dosa mereka.

Lalu mengapa Allah memberikan hukum Taurat kepada manusia? Sepuluh Perintah yang Allah berikan kepada mereka melalui Musa, peraturan-peraturan dan ketetapan-ketetapan yang dikenal sebagai hukum Taurat.

Melalui Hukum Taurat Allah Memimpin mereka ke Tanah yang Berlimpah dengan Susu dan Madu

Alasan dan maksud Allah memberikan orang Israel hukum Taurat saat mereka Keluar dari Mesir adalah agar mereka menikmati berkat yaitu mereka dapat masuk ke tanah Kanaan, tanah yang berlimpah dengan susu dan madu. Orang-orang menerima hukum langsung dari Musa, tetapi mereka tidak menyimpan perjanjian Allah dan melakukan banyak dosa termasuk menyembah berhala dan perzinaan. Akhirnya sebagian besar dari mereka mati dalam dosa-dosa mereka selama 40 tahun hidup di padang gurun.

Kitab Ulangan dicatat menurut perkataan terakhir Musa, dan mempelajari tentang perjanjian Allah dan hukum Taurat. Ketika sebagian besar dari generasi pertama dari masa Pengeluaran terkecuali Yosua dan Kaleb mati dan ketika tiba waktunya bagi Musa untuk meninggalkan orang Israel, Musa ingin sekali mendorong generasi kedua dan ketiga dari masa Pengeluaran untuk mencintai Allah dan mentaati perintah-perintah-Nya.

Maka sekarang, hai orang Israel, apakah yang dimintakan dari padamu oleh TUHAN, Allahmu, selain dari takut akan TUHAN, Allahmu, hidup menurut segala jalan yang ditunjukkan-Nya, mengasihi Dia, beribadah kepada TUHAN, Allahmu, dengan segenap hatimu dan dengan segenap jiwamu, berpegang pada perintah dan ketetapan TUHAN yang kusampaikan kepadamu pada hari ini, supaya baik keadaanmu. (Ulangan 10:12-13).

Allah memberikan mereka hukum Taurat karena Dia menginginkan mereka untuk mau mematuhi hukum tersebut dari dalam hati dan menegaskan kasih mereka kepada Allah melalui ketaatan mereka. Allah tidak memberikan mereka hukum Taurat untuk membatasi atau mengikat mereka, tetapi Dia ingin menerima ketaatan hati mereka dan untuk memberi berkat kepada mereka.

Apa yang kuperintahkan kepadamu pada hari ini haruslah engkau perhatikan, haruslah engkau mengajarkannya berulang-ulang kepada anak-anakmu dan membicarakannya apabila engkau duduk di rumahmu, apabila engkau sedang dalam perjalanan,

apabila engkau berbaring dan apabila engkau bangun.
Haruslah juga engkau mengikatkannya sebagai tanda
pada tanganmu dan haruslah itu menjadi lambang di
dahimu, dan haruslah engkau menuliskannya pada tiang
pintu rumahmu dan pada pintu gerbangmu (Ulangan
6:6-9).

Melalui ayat-ayat tersebut, Allah memberitahukan mereka bagaimana menyimpan hukum Taurat dalam hati mereka, mengajarkannya dan melakukannya. Setelah beberapa masa, perintah-perintah dan peraturan-peraturan Allah seperti yang dituliskan dalam Lima Kitab Musa tetap diingat dan disimpan, tetapi fokus pada pelaksanaan hukum tersebut hanya tampak luarnya saja.

Hukum Taurat dan Tradisi Nenek Moyang

Sebagai contoh, hukum Taurat memerintahkan bahwa hari Sabat harus dikuduskan, dan para nenek moyang telah mengatur banyak tradisi secara rinci yang harus disusun untuk melaksanakan perintah tersebut seperti melarang mereka untuk menggunakan pintu otomatis, lift dan tangga berjalan dan untuk membuka surat bisnis, passport, dan paket-paket lainnya. Bagaimana tradisi nenek moyang ini berasal?

Ketika Bait Allah dihancurkan dan orang Israel dibawa kedalam Penawanan Babel, mereka berpikir bahwa ini terjadi karena mereka telah gagal melayani Allah dengan segenap hati mereka. Mereka perlu melayani Allah lebih pantas dan untuk menerapkan hukum Taurat sesuai dengan situasi yang akan berubah seiring dengan berjalannya waktu, maka mereka membuat perturan-peraturan yang keras.

Peraturan-peraturan tersebut ditetapkan dengan maksud untuk melayani Allah dengan sepenuh hati. Dalam kata lain, mereka mengatur banyak peraturan yang keras yang menjelaskan dengan rinci setiap aspek kehidupan sehingga mereka dapat melakukan hukum Taurat dalam kehidupan mereka sehari-hari.

Terkadang peraturan-peraturan keras memegang peran dalam melindungi hukum Taurat. Tetapi, seiring dengan berlalunya waktu mereka kehilangan arti yang sejati yang melekat dalam hukum Taurat tersebut dan lebih mementingkan pada apa yang kelihatan dari luar saja dalam pelaksanaan hukum tersebut. Dengan cara ini mereka semakin jauh dari pengertian yang sebenarnya dari hukum Taurat tersebut.

Allah melihat dan menerima hati setiap orang yang memelihara hukum Taurat daripada menempatkan pentingnya perbuatan-perbuatan pelaksanaan hukum Taurat yang kelihatan dari luar. Oleh karena itu, Dia telah menetapkan hukum untuk mencari orang-orang yang sungguh-sungguh menghormati Dia, dan untuk memberikan berkat pada orang-orang yang menaati Dia. Meskipun beberapa orang pada masa Perjanjian Lama tampaknya memelihara hukum, pada saat yang sama banyak juga orang yang melanggar hukum tersebut.

Sekiranya ada di antara kamu yang mau menutup pintu, supaya jangan kamu menyalakan api di mezbah-Ku dengan percuma. Aku tidak suka kepada kamu, firman TUHAN semesta alam, dan Aku tidak berkenan menerima persembahan dari tanganmu (Maleakhi 1:10).

Ketika para guru-guru hukum Taurat dan para tua-tua memfitnah Yesus dan menghukum murid-murid-Nya, hal itu bukan karena Yesus dan para murid-Nya tidak mematuhi hukum, tetapi karena mereka melanggar tradisi nenek moyang. Hal ini dijelaskan dengan baik dalam Injil Matius.

Mengapa murid-murid-Mu melanggar adat istiadat nenek moyang kita? Mereka tidak membasuh tangan sebelum makan (Matius 15:2).

Pada saat ini, Yesus menerangkan pada mereka fakta bahwa bukan perintah Allah yang mereka langgar, melainkan, tradisi nenek moyanglah yang telah dilanggar. Tentu saja, penting untuk melaksanakan hukum dalam perbuatan yang kelihatan, tetapi jauh lebih penting untuk menyadari kehendak Allah yang sebenarnya yang tersimpan dalam hukum Taurat tersebut.

Dan Yesus menjawab dan berkata kepada mereka,

"Mengapa kamupun melanggar perintah Allah demi adat istiadat nenek moyangmu? Sebab Allah berfirman: Hormatilah ayahmu dan ibumu; dan lagi: Siapa yang mengutuki ayahnya atau ibunya pasti dihukum mati. Tetapi kamu berkata: Barangsiapa berkata kepada bapanya atau kepada ibunya: Apa yang ada padaku yang dapat digunakan untuk pemeliharaanmu, sudah digunakan untuk persembahan kepada Allah, orang itu tidak wajib lagi menghormati bapanya atau ibunya. Dengan demikian firman Allah kamu nyatakan tidak berlaku demi adat istiadatmu sendiri" (Matius 15:3-6).

Pada ayat-ayat berikut, Yesus juga berkata,

"Hai orang-orang munafik! Benarlah nubuat Yesaya tentang kamu: Bangsa ini memuliakan Aku dengan bibirnya, padahal hatinya jauh dari pada-Ku. Percuma mereka beribadah kepada-Ku, sedangkan ajaran yang mereka ajarkan ialah perintah manusia" (Matius 15:7-9).

Setelah Yesus memanggil kerumuna orang banyak kepada-Nya, Dia berkata kepada mereka,

"Dengar dan camkanlah: bukan yang masuk ke dalam mulut yang menajiskan orang, melainkan yang keluar dari mulut, itulah yang menajiskan orang" (Matius 15:11).

Allah yang Dipercayai Orang Israel

Anak-anak Allah harus menghormati orang tua mereka sebagaimana yang tertulis dalam Sepuluh Perintah Allah. Tetapi orang-orang Farisi mengajarkan orang bahwa anak-anak yang seharusnya melayani dan menghormati orang tua mereka dengan harta benda mereka dapat dibebaskan dari kewajiban tersebut jika mereka menyatakan bahwa harta benda mereka akan dipersembahkan kepada Allah. Mereka membuat begitu banyak peraturan yang menjelaskan dengan rinci setiap aspek kehidupan yang mana Orang Bukan Yahudi tidak akan sanggup untuk memelihara semua tradisi tersebut dengan tepat, mereka merasa bahwa mereka melakukan hal yang sangat baik sebagai umat pilihan Allah.

Allah yang Dipercayai Israel

Ketika Yesus menyembuhkan orang yang sakit pada hari Sabat, orang-orang Farisi menuduh Yesus karena melanggar hari Sabat. Suatu hari Yesus memasuki sebuah sinagoga dan melihat seorang laki-laki yang tangannya kurus kering berdiri di hadapan orang-orang Farisi Yesus berniat untuk membangunkan dan menanyai mereka, mengatakan hal yang berikut:

"Manakah yang diperbolehkan pada hari Sabat, berbuat baik atau berbuat jahat, menyelamatkan nyawa orang atau membunuh orang?" (Markus 3:4)

"Jika seorang dari antara kamu mempunyai seekor

domba dan domba itu terjatuh ke dalam lobang pada
hari Sabat, tidakkah ia akan menangkapnya dan
mengeluarkannya? Bukankah manusia jauh lebih
berharga dari pada domba? Karena itu boleh berbuat
baik pada hari Sabat" (Matius 12:11-12).

Karena orang-orang Farisi sebelumnya telah dipenuhi dengan kerangka hukum Taurat yang dibentuk oleh tradisi nenek moyang dan pemikiran dan pola hidup yang egois, mereka tidak hanya gagal menyadari kehendak Allah yang sejati yang melekat dalam hukum Taurat tersebut, tetapi mereka juga gagal mengenali Yesus, yang datang ke dunia sebagai Juru Selamat.

Yesus seringkali menunjukkan mereka dan mendorong mereka untuk bertobat dan berbalik dari kesalahan-kesalahan mereka. Dia mencela mereka karena mereka telah mengabaikan tujuan sejati Allah atas hukum Taurat yang telah Dia berikan kepada mereka, dan telah mengubah dan berpatokan pada perbuatan-perbuatan yang kelihatan dalam melakukan hukum Taurat tersebut.

Celakalah kamu, hai ahli-ahli Taurat dan orang-
orang Farisi, hai kamu orang-orang munafik, sebab
persepuluhan dari selasih, adas manis dan jintan kamu
bayar, tetapi yang terpenting dalam hukum Taurat
kamu abaikan, yaitu: keadilan dan belas kasihan dan
kesetiaan. Yang satu harus dilakukan dan yang lain

jangan diabaikan (Matius 23:23).

Celakalah kamu, hai ahli-ahli Taurat dan orang-orang Farisi, hai kamu orang-orang munafik, sebab cawan dan pinggan kamu bersihkan sebelah luarnya, tetapi sebelah dalamnya penuh rampasan dan kerakusan (Matius 23:25).

Orang Israel, yang berada dalam kendali Kerajaan Romawi, menggambarkan dalam pemikiran mereka bahwa Mesias akan datang bagi mereka dengan kuasa dan kemuliaan yang besar dan Mesias akan dapat membebaskan mereka dari tangan penindas dan memerintah atas seluruh suku bangsa.

Sementara itu seorang manusia yang lahir dari seorang tukang kayu, dia berteman dengan orang-orang yang terabaikan, yang sakit, dan para pendosa; dia memanggil Allah dengan "Bapa," dan dia bersaksi bahwa *Dia adalah Terang dunia.* Ketika dia memarahi mereka akan dosa-dosa mereka, mereka yang telah memegang hukum Taurat dengan standar mereka sendiri dan menyatakan diri mereka benar, merasa tertusuk hatinya dan terluka oleh kata-katanya dan mereka menyalibkan dia tanpa alasan.

Allah Menginginkan Kita untuk Memiliki Kasih dan Pengampunan

Orang Farisi telah melaksanakan dengan keras peraturan-peraturan adat istiadat Yahudi dan menganggap adat dan tradisi yang bertahun-tahun lamanya sama berharganya dengan hidup mereka. Mereka memperlakukan pemungut cukai, yang bekerja bagi Kerajaan Romawi, seperti orang berdosa dan menjauhi mereka.

Pada permulaan Matius 9:10 dikatakan bahwa Yesus makan bersama satu meja dalam rumah seorang pemungut cukai yang bernama Matius, dan banyak pemungut cukai dan orang berdosa yang makan malam bersama dengan Yesus dan murid–murid-Nya. Ketika orang Farisi melihat hal ini, mereka berkata kepada muri-murid-Nya, "Mengapa Gurumu makan bersama para pemungut cukai dan orang berdosa?" Ketika Yesus mendengar mereka menyalahkan murid-murid-Nya, Dia menjelaskan kepada mereka tentang hati Allah. Allah memberi kasih dan karunia-Nya yang tak habis-habisnya kepada setiap orang yang bertobat sungguh-sungguh dan berbalik dari dosa-dosanya.

Matius 9:12-13 melanjutkan, *"Yesus mendengarnya dan berkata: 'Bukan orang sehat yang memerlukan tabib, tetapi orang sakit. Jadi pergilah dan pelajarilah arti firman ini: Yang Kukehendaki ialah belas kasihan dan bukan persembahan, karena Aku datang bukan untuk memanggil orang benar, melainkan orang berdosa.'"*

Ketika kejahatan orang Niniwe telah mencapai surga, Allah

Allah yang Dipercayai Orang Israel

bernaksud untuk menghancurkan kota Niniwe. Tetapi, sebelum melakukannya, Allah mengirim nabi-Nya, Yunus, untuk membuat mereka bertobat dari dosa-dosa mereka. Orang-orang berpuasa dan bertobat sungguh-sungguh dari dosa-dosa mereka, dan Allah mengurungkan keputusannya untuk menghancurkan mereka. Namun demikian, orang Farisi-lah yang berpikir bahwa bagi semua orang yang melanggar hukum tidak ada pilihan lain kecuali dihakimi. Bagian yang paling penting dari hukum adalah kasih dan pengampunan yang tak habis-habisnya, tetapi orang Farisi berpikir bahwa menghakimi seseorang adalah lebih benar dan berharga dibanding dengan mengampuninya dengan kasih.

Dalam cara yang sama, ketika kita tidak mengerti hati Allah yang telah memberikan kita hukum Taurat tersebut, kita dipaksa untuk menghakimi segala sesuatu dengan pemikiran dan teori kita sendiri dan semua penilaian tersebut akan didapati salah dan melawan Allah.

Tujuan Sejati Allah dengan Memberikan Hukum Taurat

Allah menciptakan surga dan bumi dan segala yang ada di dalamnya dan membuat manusia dengan tujuan untuk mendapatkan anak-anak sejati yang menyamai hati-Nya. Dengan tujuan ini Allah telah memberitahu umat-Nya untuk *"haruslah kamu kudus, sebab Aku ini kudus"* (Imamat 11:44). Dia menganggap kita untuk takut akan Dia ketika kita tidak benar hanya dalam penampilan tetapi menjadi tidak bersalah dengan membuang kejahatan dari hati.

Pada masa Yesus orang Farisi dan ahli Taurat memiliki ketertarikan yang besar akan persembahan dan dalam tindakan dalam melaksanakan hukum dibanding dengan menyucikan hati mereka. Allah berkenan atas hati yang hancur dan patah dari pada persembahan (Mazmur 51:16-17), sehingga Dia telah memberikan kita hukum Taurat untuk membuat kita bertobat dari dosa-dosa kita dan berbalik dari dosa-dosa kita melalui hukum Taurat tersebut.

Keinginan Sejati Allah yang Tersimpan dalam Hukum Taurat di Perjanjian Lama

Allah yang Dipercayai Orang Israel

Tidak disebutkan bahwa tindakan-tindakan orang Israel dalam melaksanakan hukum sama sekali tidak memasukkan kasih mereka kepada Allah. Tetapi hal yang paling penting yang Allah inginkan untuk mereka lakukan adalah menyucikan hati dan Dia dengan serius memarahi mereka melalui Nabi Yesaya.

"Untuk apa itu korbanmu yang banyak-banyak?" *firman TUHAN; "Aku sudah jemu akan korban-korban bakaran berupa domba jantan dan akan lemak dari anak lembu gemukan; darah lembu jantan dan domba-domba dan kambing jantan tidak Kusukai. Apabila kamu datang untuk menghadap di hadirat-Ku, siapakah yang menuntut itu dari padamu, bahwa kamu menginjak-injak pelataran Bait Suci-Ku? Jangan lagi membawa persembahanmu yang tidak sungguh, sebab baunya adalah kejijikan bagi-Ku. Kalau kamu merayakan bulan baru dan sabat atau mengadakan pertemuan-pertemuan, Aku tidak tahan melihatnya, karena perayaanmu itu penuh kejahatan"* (Yesaya 1:11-13).

Arti sebenarnya dari melaksanakan hukum tersebut tidak hanya terdiri dari tindakan yang kelihatan tetapi pada keinginan dari hati yang paling dalam Karenanya, Allah tidak berkenan akan pengorbanan yang banyak yang dipersembahkan hanya sebagai kebiasaan dan tindakan yang dangkal untuk memasuki tempat kudus. Tidak perduli berapa banyak pengorbanan yang mereka persembahkan menurut hukum, Allah tidak berkenan atasnya karena hati mereka tidak sesuai dengan kehendak Allah.

Hal ini sama dengan doa-doa kita. Dalam doa-doa kita, hanya sekedar tindakan doa tidaklah penting tetapi sikap hati kita dalam berdoa itulah yang lebih penting. Seorang pemazmur berkata dalam Mazmur 66:18, *"Seandainya ada niat jahat dalam hatiku, tentulah Tuhan tidak mau mendengar."*

Allah membiarkan orang tahu melalui Yesus bahwa Dia tidak berkenan pada doa yang munafik dan pamer, tetapi hanya pada doa yang tulus yang berasal dari hati.

Dan apabila kamu berdoa, janganlah berdoa seperti orang munafik. Mereka suka mengucapkan doanya dengan berdiri dalam rumah-rumah ibadat dan pada tikungan-tikungan jalan raya, supaya mereka dilihat orang. Aku berkata kepadamu: Sesungguhnya mereka sudah mendapat upahnya. Tetapi jika engkau berdoa, masuklah ke dalam kamarmu, tutuplah pintu dan berdoalah kepada Bapamu yang ada di tempat tersembunyi. Maka Bapamu yang melihat yang tersembunyi akan membalasnya kepadamu (Matius 6:5-6).

Hal yang sama terjadi ketika kita bertobat dari dosa-dosa kita. Ketika bertobat dari dosa-dosa kita, Allah menginginkan kita untuk tidak mengoyakkan jubah kita dan meratap dengan abu di kepala tetapi untuk merendahkan hati kita dan bertobat dari dosa-dosa kita dari hati. Tindakan pertobatan itu sendiri tidaklah penting, dan ketika kita bertobat dari dosa-dosa kita dan berbalik darinya, Allah menerima pertobatan tersebut.

> *"Tetapi sekarang juga," demikianlah firman TUHAN, "berbaliklah kepada-Ku dengan segenap hatimu, dengan berpuasa, dengan menangis dan dengan mengaduh." Koyakkanlah hatimu dan jangan pakaianmu, berbaliklah kepada TUHAN, Allahmu, sebab Ia pengasih dan penyayang, panjang sabar dan berlimpah kasih setia, dan Ia menyesal karena hukuman-Nya (Yoel 2:12-13).*

Dengan kata lain, Allah ingin menerima hati dari para pelaku hukum Taurat dari pada tindakan melaksanakan hukum Taurat itu sendiri. Ini disebutkan sebagai "penyunatan hati" dalam Alkitab. Kita dapat menyunat tubuh kita dengan memotong daging kulit luar, sementara kita dapat disunat pada kulit hati melalui memotong hati kita.

Penyunatan Hati yang Allah Inginkan

Apa yang dimaksudkan dengan penyunatan hati? Hal itu mengenai "memotong dan membuang semua jenis dosa dan kejahatan termasuk iri hati, cemburu, mudah marah, sakit hati, perzinahan, kebohongan, penipuan, menghakimi dan penghukuman dari dalam hati." Ketika Anda membuang dosa dan kejahatan dari dalam hati dan melakukan hukum Taurat, Allah menerima hal itu sebagai ketaatan sempurna.

Sunatlah dirimu bagi TUHAN, dan jauhkanlah kulit khatan hatimu, hai orang Yehuda dan penduduk Yerusalem, supaya jangan murka-Ku mengamuk seperti api, dan menyala-nyala dengan tidak ada yang memadamkan, oleh karena perbuatan-perbuatanmu yang jahat! (Yeremia 4:4).

Sebab itu sunatlah hatimu dan janganlah lagi kamu tegar tengkuk (Ulangan 10:16).

Orang Mesir, orang Yehuda, orang Edom, bani Amon, orang Moab dan semua orang yang berpotong tepi rambutnya berkeliling, orang-orang yang diam di padang gurun, sebab segala bangsa tidak bersunat dan segenap kaum Israel tidak bersunat hatinya (Yeremia 9:26).

Dan TUHAN, Allahmu, akan menyunat hatimu dan hati keturunanmu, sehingga engkau mengasihi TUHAN, Allahmu, dengan segenap hatimu dan dengan segenap jiwamu, supaya engkau hidup (Ulangan 30:6).

Karenanya, Perjanjian Lama seringkali mendorong kita untuk menyunat hati, karena hanya mereka yang disunat hatinya dapat mengasihi Allah dengan segenap hati mereka dan dengan segenap jiwa mereka.

Allah ingin anak-anak-Nya menjadi kudus dan sempurna.

Dalam Kejadian 17:1, Allah mengatakan bahwa Abraham "tidak bercela," dan dalam Imamat 19:2, Dia memerintahkan orang Israel untuk menjadi "kudus".

Yohanes 10:35 berkata, *"Jikalau mereka, kepada siapa firman itu disampaikan, disebut allah--sedang Kitab Suci tidak dapat dibatalkan,"* dan 2 Petrus 1:4 berkata, *"Dengan jalan itu Ia telah menganugerahkan kepada kita janji-janji yang berharga dan yang sangat besar, supaya olehnya kamu boleh mengambil bagian dalam kodrat ilahi, dan luput dari hawa nafsu duniawi yang membinasakan dunia."*

Dalam masa Perjanjian Lama mereka diselamatkan melalui tindakan-tindakan melaksanakan hukum, sementara dalam masa Perjanjian Baru kita dapat diselamatkan melalui iman kepada Yesus Kristus yang memenuhi hukum tersebut dengan kasih.

Keselamatan melalui tindakan, pada masa Perjanjian Lama, dimungkinkan ketika mereka memiliki hasrat dosa untuk membunuh, membenci, melakukan perzinahan, dan berbohong, tetapi tidak melakukannya dalam tindakan. Pada masa Perjanjian Lama Roh Kudus tidak berdiam di dalam mereka dan mereka tidak dapat membuang hasrat dosa dengan kekuatan mereka sendiri. Jadi ketika mereka tidak melakukan dosa dalam tindakan yang kelihatan, mereka tidak dianggap sebagai orang yang berdosa.

Namun, dalam Perjanjian Baru, kita dapat meraih

keselamatan hanya ketika kita menyunat hati kita dengan iman. Roh Kudus membimbing kita untuk mengenal tentang dosa, kebenaran, dan penghakiman dan menolong kita hidup sesuai dengan firman Allah, sehingga kita dapat membuang semua sifat alami kebohongan dan berdosa dan menyunat hati Anda.

Keselamatan melalui iman kepada Yesus Kristus tidak diberikan dengan mudahnya ketika seseorang tahu dan percaya bahwa Yesus Kristus adalah Juru Selamat. Hanya ketika kita membuang semua kejahatan dari hati karena kita mengasihi Allah dan berjalan dalam kebenaran dengan iman, Allah akan menganggapnya sebagai iman sejati dan membimbing kita tidak hanya untuk melengkapi keselamatan, tetapi juga kepada jalan kepada jawaban dan berkat yang luar biasa.

Bagaimana Menyenangkan Allah

Adalah hal yang alami bahwa seorang anak Allah sebaiknya tidak melakukan tindakan dosa. Normal pula baginya untuk membuang kebohongan dan hasrat hati untuk berbuat dosa dan untuk menyerupai kekudusan Allah. Jika Anda tidak melakukan dosa dalam bentuk tindakan tetapi menyembunyikan hasrat dosa dalam hati Anda yang tidak diinginkan Allah, Anda tidak dapat dianggap benar oleh Allah.

Itulah mengapa dituliskan dalam Matius 5:27-28, *"Kamu telah mendengar firman: Jangan berzinah. Tetapi Aku berkata kepadamu: Setiap orang yang memandang perempuan serta menginginkannya, sudah berzinah dengan dia di dalam*

Allah yang Dipercayai Orang Israel

hatinya."

Dan juga dikatakan dalam 1 Yohanes 3:15, *"Setiap orang yang membenci saudaranya, adalah seorang pembunuh manusia. Dan kamu tahu, bahwa tidak ada seorang pembunuh yang tetap memiliki hidup yang kekal di dalam dirinya."* Ayat ini mendorong kita untuk menyingkirkan kebencian dari hati.

Bagaimana Anda harus bersikap terhadap musuh-musuh yang membenci Anda berkenaan dengan menyenangkan kehendak Allah?

Hukum Taurat Perjanjian Lama memberi tahu kita, *"Mata ganti mata [dan] gigi ganti gigi."* Dalam kata lain, hukum Taurat berkata, *"sebagaimana dia telah melukai seseorang, begitulah sebaiknya dibebankan kepadanya."* Hal ini dimaksudkan untuk mencegah seseorang dari tindakan yang melukai atau yang menyebabkan kerugian terhadap orang lain dengan peraturan yang keras. Hal ini karena Allah tahu bahwa umat manusia dalam kejahatannya mencoba untuk membalas dendam pada orang lain dengan lebih dari apa yang dibebankan kepadanya.

Raja Daud dipuji sebagai seorang yang selalu mencari hati Allah Ketika Raja Saul mencoba membunuhnya, Daud tidak membalas dengan kejahatan atas semua kejahatan raja Saul, tetapi memperlakukannya dengan kebaikan sampai kepada akhir hidupnya. Daud melihat arti sebenarnya yang tersimpan dalam hukum Taurat dan hidup hanya sesuai dengan firman Allah.

Janganlah engkau menuntut balas, dan janganlah menaruh dendam terhadap orang-orang sebangsamu, melainkan kasihilah sesamamu manusia seperti dirimu sendiri; Akulah TUHAN (Imamat 19:18).

Jangan bersukacita kalau musuhmu jatuh, jangan hatimu beria-ria kalau ia terperosok (Amsal 24:17).

Jikalau seterumu lapar, berilah dia makan roti, dan jikalau ia dahaga, berilah dia minum air (Amsal 25:21).

Kamu telah mendengar firman: Kasihilah sesamamu manusia dan bencilah musuhmu. Tetapi Aku berkata kepadamu: Kasihilah musuhmu dan berdoalah bagi mereka yang menganiaya kamu (Matius 5:43-44).

Menurut ayat-ayat di atas, jika Anda kelihatannya melaksanakan hukum Taurat tetapi tidak mengampuni seseorang yang menyusahkan Anda, Allah tidak berkenan kepada Anda. Hal ini karena Allah telah memberitahu kita untuk mengasihi musuh kita. Ketika Anda melaksanakan hukum Taurat dan ketika Anda melakukannya dengan hati yang Allah inginkan untuk Anda miliki, Anda akan dianggap sepenuhnya taat pada firman Allah.

Hukum Taurat, sebuah Tanda Kasih Allah

Allah pengasih ingin memberikan kita berkat yang tidak pernah habis, tetapi karena Dia adalah Allah yang adil, Dia tidak memiliki pilihan selain memberi kita kepada iblis sebanyak kita telah melakukan dosa. Itulah mengapa beberapa orang yang percaya kepada Allah menderita penyakit dan mengalami kecelakaan dan bencana ketika mereka tidak hidup dengan firman Allah.

Allah telah memberikan kita sejumlah perintah Allah dalam kasih-Nya untuk menjaga kita dari pencobaan dan rasa sakit tersebut. Berapa banyak instruksi yang diberikan orang tua kepada anak-anak mereka untuk melindungi mereka dari penyakit dan kecelakaan?

"Cuci tanganmu ketika kamu masuk ke rumah."
"Sikat gigimu setelah makan."
"Lihat sekeliling ketika kamu menyeberang jalan."

Dengan cara yang sama, Allah telah memberitahu kita dalam kasih-Nya untuk melaksanakan semua perintah dan ketetapan-Nya untuk kebaikan kita (Ulangan 10:13). Memelihara dan melakukan firman Allah adalah seperti sebuah pelita dalam perjalanan kehidupan kita. Tidak peduli betapa gelapnya, kita dapat dengan aman menjalani jalan setapak menuju tempat yang kita tuju dengan sebuah lampu, dan dengan cara yang sama, ketika Allah yang adalah terang ada bersama kita, kita dapat dilindungi dan menikmati hak istimewa dan berkat anak-anak Allah.

Betapa Allah sangat senang ketika Dia melindungi anak-anak-Nya yang mematuhi firman-Nya dengan mata-Nya yang berbinar dan memberi mereka apapun yang mereka minta! Sesuai dengan itu anak-anak tersebut dapat mengubah hati mereka menjadi bersih dan baik dan menyerupai Allah sebagaimana mereka memelihara dan mematuhi firman Allah, dan merasakan kedalaman kasih Allah dan mereka dapat mengasihi Allah lebih lagi.

Oleh karena itu, hukum Taurat yang Allah telah berikan kepada kita adalah seperti buku panduan kasih yang memberikan panduan untuk mendapatkan berkat terbaik buat kita yang sedang dikembangkan Allah di dunia. Hukum Allah tidak memberikan beban pada kita tetapi melindungi kita dari segala bencana di dunia ini yang saat ini dikuasai oleh iblis dan Setan dan hukum tersebut membimbing kita kepada jalan berkat.

Yesus Memenuhi Hukum Taurat dengan Kasih

Dalam Ulangan 19:19-21 kita dapat menemukan bahwa pada masa Perjanjian Lama ketika orang yang melakukan dosa dengan mata mereka, maka mata mereka harus dicongkel keluar. Ketika mereka berdosa dengan tangan atau kaki mereka, maka tangan dan kaki mereka akan dipotong. Ketika mereka membunuh dan melakukan perzinahan, mereka dilempari sampai mati.

Hukum alam rohani memberitahu kita bahwa upah dari dosa kita adalah maut. Itulah mengapa Allah dengan serius menghukum mereka yang melakukan dosa yang tidak termaafkan, dan karenanya Dia ingin memperingatkan banyak orang untuk tidak melakukan dosa yang sama.

Tetapi Allah pengasih tidak sepenuhnya disenangkan dengan iman yang mana hanya berpatokan pada hukum dan berkata, "Mata ganti mata, dan gigi ganti gigi." Malahan Dia menegaskan lagi dan lagi dalam Perjanjian Lama bahwa mereka harus menyunat hati mereka. Dia tidak ingin umat-Nya merasakan sakit karena hukum Taurat, sehingga ketika waktunya tiba, Dia mengirim Yesus ke dunia dan membiarkan Dia mengambil semua dosa umat manusia dan memenuhi hukum Taurat dengan kasih.

Tanpa penyaliban Yesus, tangan dan kaki kita akan dipotong ketika kita melakukan dosa dengan tangan dan kaki kita. Tetapi Yesus mengambil salib dan menumpahkan darah-Nya yang berharga dengan membiarkan tangan dan kaki-Nya dipaku untuk membasuh semua dosa yang kita lakukan dengan tangan dan kaki kita. Sekarang kita tidak perlu memotong tangan dan kaki kita karena kasih Allah yang besar.

Yesus, yang adalah satu dengan Allah pengasih, datang ke dunia, dan memenuhi hukum dengan kasih. Yesus menjalani kehidupan yang patut dicontoh dalam hal memelihara semua hukum Allah.

Bahkan jika Dia sepenuhnya memelihara hukum, namun, Dia tidak menghukum mereka yang gagal dalam melaksanakan hukum dengan berkata, "Kamu telah melanggar hukum, dan sedang menuju ke kematian." Melainkan, Dia mengajar orang-orang tentang kebenaran siang dan malam sehingga bahkan satu orang lagi dapat bertobat dari dosa-dosanya dan menerima keselamatan, dan tanpa lelah Dia bekerja dan menyembuhkan dan membebaskan mereka yang dibelenggu penyakit, kelemahan dan kerasukan roh jahat.

Kasih Yesus sangat luar biasa dinyatakan ketika seorang wanita, yang kedapatan melakukan perzinahan, dibawa kepada Yesus oleh para ahli Taurat dan orang Farisi. Dalam Pasal 8 Injil Yohanes, para ahli Taurat dan orang Farisi membawa wanita tersebut kepada-Nya dan bertanya pada-Nya, berkata, *"Musa dalam hukum Taurat memerintahkan kita untuk melempari perempuan-perempuan yang demikian. Apakah pendapat-Mu tentang hal itu?"* (ayat 5). Yesus kemudian merespon dengan berkata, *"Barangsiapa di antara kamu tidak berdosa, hendaklah ia yang pertama melemparkan batu kepada perempuan itu."* (ayat 7).

Dengan menanyakan pertanyaan tersebut kepada mereka, Dia bermaksud untuk menyadarkan mereka bahwa bukan hanya wanita tersebut tetapi mereka juga, yang menuduh dia atas perzinahannya dan berusaha untuk mencari alasan untuk menuduh Yesus, adalah sama-sama orang berdosa di hadapan Allah dan bahwa tidak ada seorang pun yang berani untuk

Allah yang Dipercayai Orang Israel

menuduh orang lain. Ketika orang-orang mendengar hal itu, mereka dihukum oleh kesadaran mereka dan mereka pun pergi satu persatu, dimulai dari yang paling tua sampai yang paling muda. Dan Yesus tinggal sendirian, dan wanita itu berdiri di tengah-tengah.

Yesus melihat tidak ada seorang pun kecuali wanita itu, dan berkata padanya, *"Hai perempuan, di manakah mereka? Tidak adakah seorang yang menghukum engkau?"* (ayat 10) Jawabnya: *"Tidak ada, Tuhan."* Lalu kata Yesus: *"Akupun tidak menghukum engkau. Pergilah, dan jangan berbuat dosa lagi mulai dari sekarang"* (ayat 11).

Ketika wanita tersebut dibawa dan dosanya yang tak terampuni diungkapkan, dia ditekan dengan ketakutan yang besar. Jadi, ketika Yesus mengampuninya, dapatkah Anda membayangkan banyaknya air mata yang dia tumpahkan dalam emosi dan rasa terima kasih yang dalam! Setiap kali dia mengingat pengampunan dan kasih Yesus ini, dia tidak akan berani melanggar hukum lagi atau berbuat dosa lagi. Ini mungkin terjadi karena dia telah bertemu dengan Yesus yang memenuhi hukum Taurat dengan kasih.

Yesus memenuhi hukum Taurat dengan kasih tidak hanya untuk wanita ini tetapi juga untuk semua manusia. Dia tidak menyerahkan hidupnya begitu saja dan memberikan hidupnya untuk kita para pendosa di kayu salib dengan hati sebagai orang tua yang tidak ingin menyerahkan nyawanya untuk menyelamatkan anak-anak mereka yang tenggelam.

Yesus tidak bercacat dan bercela dan satu-satunya Anak Allah, tetapi dia menanggung semua sakit yang tidak terperikan, menumpahkan semua air dan darah-Nya dan menyerahkan nyawanya di kayu salib bagi kita orang berdosa. Penyalibannya adalah saat yang paling menyentuh dalam menyelesaikan kasih terbesar sepanjang sejarah umat manusia.

Ketika kuasa kasih-Nya tercurah atas kita, kita menerima kekuatan untuk tetap memelihara hukum dan mampu untuk memenuhi hukum dengan kasih seperti yang Yesus lakukan.

Jika Yesus tidak memenuhi hukum dengan kasih tetapi malah menghakimi dan menghukum semua hanya dengan hukum dan memalingkan mata-Nya dari orang berdosa, berapa banyak orang di dunia yang dapat diselamatkan? Sebagaimana tertulis dalam Alkitab, *"Tidak ada yang benar, seorangpun tidak"* (Roma 3:10), tidak ada seorang pun yang dapat diselamatkan.

Oleh karena itu, anak-anak Allah yang telah diberi pengampunan atas dosa-dosa mereka oleh kasih Allah yang besar seharusnya tidak hanya mengasihi Dia dengan cara memelihara perintah-perintah-Nya dengan rendah hati tetapi juga mengasihi tetangga mereka seperti mereka mengasihi diri mereka sendiri dan melayani dan mengampuni mereka.

Mereka yang Menghakimi dan Menghukum Orang Lain dengan Hukum

Yesus memenuhi hukum dengan kasih dan menjadi Juru Selamat bagi semua umat manusia, tetapi apa yang dilakukan orang Farisi, para ahli dan guru-guru hukum Taurat? Mereka bersikeras untuk melaksanakan hukum Taurat dalam tindakan dari pada menyucikan hati mereka seperti yang Allah inginkan, tetapi mereka pikir mereka telah melaksanakan hukum Taurat dengan sempurna. Tambahan lagi, mereka tidak mengampuni orang-orang yang tidak melaksanakan hukum Taurat melainkan menghakimi dan menghukum mereka.

Tetapi Allah kita tidak pernah menginginkan kita untuk menghakimi dan menghukum orang lain tanpa kasih dan belas kasihan. Dia juga tidak ingin kita menderita dalam melaksanakan hukum Taurat tanpa mengalami kasih Allah. Jika kita melaksanakan hukum Taurat tetapi gagal untuk mengerti hati Allah dan gagal melakukannya dengan kasih, itu tidak akan menghasilkan apa-apa buat kita.

Sekalipun aku mempunyai karunia untuk bernubuat dan aku mengetahui segala rahasia dan memiliki seluruh pengetahuan; dan sekalipun aku memiliki iman yang sempurna untuk memindahkan gunung, tetapi jika aku tidak mempunyai kasih, aku sama sekali tidak berguna. Dan sekalipun aku membagi-bagikan segala sesuatu

yang ada padaku, bahkan menyerahkan tubuhku untuk
dibakar, tetapi jika aku tidak mempunyai kasih, sedikitpun
tidak ada faedahnya bagiku (1 Korintus 13:2-3).

Allah adalah kasih, dan Dia bersukacita dalam kita dan
memberkati kita ketika kita melakukannya dalam kasih. Pada
masa Yesus orang Farisi gagal memiliki kasih dalam hati mereka
ketika mereka melaksanakan hukum Taurat dalam perbuatan,
dan hal ini tidak menghasilkan keuntungan apapun bagi mereka.
Mereka menghakimi dan menghukum orang lain dengan
pengetahuan akan hukum Taurat, dan ini membuat mereka jauh
dari Allah dan mengakibatkan penyaliban Anak Allah.

Ketika Anda Mengerti Kehendak Sejati Allah yang Tersimpan dalam Hukum Taurat

Bahkan pada masa Perjanjian Lama, terdapat bapa-bapa iman
yang mengerti kehendak sejati Allah dalam hukum Taurat. Bapa-
bapa iman termasuk diantaranya Abraham, Yusuf, Musa, Daud,
dan Elia yang tidak hanya memelihara hukum Taurat, tetapi
mereka juga berusaha sebaik yang mereka bisa untuk menjadi
anak-anak Allah yang sejati dengan cara rajin menyunat hati
mereka.

Namun demikian, ketika Yesus dikirim sebagai Mesias
oleh Allah untuk membuat orang Yahudi tahu tentang Allah
Abraham, Allah Ishak, dan Allah Yakub, mereka tidak dapat
mengenali-Nya. Hal itu disebabkan mereka dibutakan dengan

kerangka tradisi nenek moyang dan tindakan melaksanakan hukum Taurat.

Dengan maksud untuk bersaksi bahwa Dia adalah Anak Allah, Yesus melakukan perbuatan-perbuatan luar biasa dan tanda-tanda mujizat yang hanya dapat dilakukan dengan kuasa Allah. Tetapi mereka tetap tidak dapat mengenali Yesus dan menerima Dia sebagai Mesias.

Tetapi berbeda halnya dengan orang Yahudi lain yang memiliki hati yang baik. Ketika mereka mendengar pengajaran-pengajaran Yesus, mereka percaya kepada-Nya dan ketika mereka melihat tanda-tanda mujizat yang Yesus lakukan, mereka percaya bahwa Allah beserta Dia. Dalam pasal 3 dari Injil Yohanes, seorang Farisi bernama "Nikodemus" datang kepada Yesus pada suatu malam dan berkata padanya hal berikut ini.

Rabi, kami tahu, bahwa Engkau datang sebagai guru yang diutus Allah; sebab tidak ada seorangpun yang dapat mengadakan tanda-tanda yang Engkau adakan itu, jika Allah tidak menyertainya (Yohanes 3:2).

Allah Pengasih Menunggu Kembalinya Bangsa Israel

Mengapa kemudian sebagian besar orang Yahudi gagal mengenali Yesus yang datang ke dunia sebagai Juru Selamat? Mereka tetlah membentuk suatu kerangka hukum Taurat dalam pemikiran mereka sendiri yang meyakini bahwa mereka mengasihi dan melayani Allah, dan mereka tidak ingin menerima hal-hal yang berbeda dengan kerangka pemikiran mereka.

Sampai dia bertemu dengan Tuhan Yesus, Paulus percaya dengan sungguh-sungguh bahwa dengan melakukan hukum Taurat dan tradisi nenek moyang sepenuhnya adalah cara untuk mengasihi dan melayani Allah. Itulah mengapa dia tidak menerima Yesus sebagai Juru Selamat tetapi malah membunuh Dia dan para pengikut-Nya. Setelah dia bertemu dengan Tuhan Yesus yang telah bangkit dalam perjalanannya ke Damsyik, kerangka pemikirannya hancur total dan kemudian menjadi rasul bagi Tuhannya, Yesus Kristus. Sejak saat itu, dia bahkan mau memberikan nyawanya bagi Tuhan.

Hasrat untuk tetap memelihara hukum Taurat adalah hal yang sangat kuat yang dimiliki oleh bangsa Yahudi dan titik kekuatan inilah yang menyebabkan Allah memilih bangsa Israel. Karenanya, begitu mereka menyadari kehendak sejati Allah ayng tersimpan dalam hukum Taurat, mereka akan dapat mengasihi Allah lebih dari pada orang atau suku lain dan setia kepada Allah dengan segenap hidup mereka.

Ketika Allah membimbing orang Israel keluar dari Mesir, Dia memberikan mereka semua hukum dan perintah melalui Musa, dan memberitahu mereka apa yang Dia ingin mereka lakukan. Dia berjanji pada mereka bahwa jika mereka mengasihi Allah, menyunat hati mereka dan hidup sesuai dengan kehendak-Nya, Dia akan berserta dengan mereka dan memberikan mereka berkat yang luar biasa.

Allah yang Dipercayai Orang Israel

Dan apabila engkau berbalik kepada TUHAN, Allahmu,
dan mendengarkan suara-Nya sesuai dengan segala yang
kuperintahkan kepadamu pada hari ini, baik engkau maupun
anak-anakmu, dengan segenap hatimu dan dengan segenap
jiwamu, maka TUHAN, Allahmu, akan memulihkan keadaanmu
dan akan menyayangi engkau. Ia akan mengumpulkan engkau
kembali dari segala bangsa, ke mana TUHAN, Allahmu, telah
menyerakkan engkau. Sekalipun orang-orang yang terhalau
dari padamu ada di ujung langit, dari sanapun TUHAN,
Allahmu, akan mengumpulkan engkau kembali dan dari
sanapun Ia akan mengambil engkau. TUHAN, Allahmu, akan
membawa engkau masuk ke negeri yang sudah dimiliki nenek
moyangmu, dan engkaupun akan memilikinya pula. Ia akan
berbuat baik kepadamu dan membuat engkau banyak melebihi
nenek moyangmu. Dan TUHAN, Allahmu, akan menyunat
hatimu dan hati keturunanmu, sehingga engkau mengasihi
TUHAN, Allahmu, dengan segenap hatimu dan dengan
segenap jiwamu, supaya engkau hidup. TUHAN, Allahmu,
akan menjatuhkan segala sumpah serapah itu kepada
musuhmu dan pembencimu, yang telah mengejar engkau.
Engkau akan mendengarkan kembali suara TUHAN dan
melakukan segala perintah-Nya yang kusampaikan kepadamu
pada hari ini (Ulangan 30:2-8).

Sebagaimana yang dijanjikan Allah pada umat pilihan-Nya
Israel dalam ayat ini, Dia mengumpulkan umat-Nya yang telah
tercerai berai di seluruh dunia dan membiarkan mereka kembali

ke daerah yang dalam jangka waktu beberapa ribu tahun, dan menempatkan mereka lebih tinggi diatas segala suku bangsa di dunia. Namun demikian, bangsa Israel telah gagal menyadari kasih Allah yang besar melalui penyaliban dan pemeliharaan-Nya dalam menciptakan dan mengembangkan umat manusia tetapi masih mengikuti tindakan melaksanakan hukum Taurat dan tradisi nenek moyang.

Allah Pengasih sungguh-sungguh mengharap dan menantikan mereka untuk melepaskan iman mereka yang sudah bengkok dan untuk berubah dan menjadi anak Allah sesegera mungkin. Pertama-tama, mereka harus membuka hati mereka dan menerima Yesus yang telah dikirim oleh Allah sebagai Juru Selamat bagi seluruh umat manusia dan menerima pengampunan atas dosa-dosa mereka. Kemudian, mereka harus menyadari kehendak sejati Allah yang diberikan melalui hukum Taurat dan memiliki iman yang sejati dengan cara secara rajin memelihara firman Allah melalui penyunatan hati mereka sehingga mereka dapat mencapai keselamatan sempurna.

Saya dengan tulus berdoa bahwa bangsa Israel akan memulihkan gambaran Allah yang hilang melalui iman yang menyenangkan Allah dan menjadi anak-anak-Nya yang sejati sehingga mereka dapat menikmati semua berkat yang Allah telah janjikan dan berdiam di dalam kemuliaan surga yang kekal.

Kubah Batu, sebuah mesjid Islam yang berlokasi di kota suci yang hilang, Yerusalem

Bab 4

LIHAT DAN DENGARLAH!

Menjelang Waktu Akhir Dunia

Alkitab dengan jelas menerangkan kepada kita baik tentang permulaan dan akhir sejarah umat manusia. Selama beberapa ribu tahun ini, Allah telah memberitahu kita melalui Alkitab tentang sejarah yang Dia buat tentang pengembangan manusia. Sejarah dimulai dengan adanya manusia pertama di dunia, Adam, dan akan mencapai akhirnya ketika Kedatangan Tuhan yang Kedua kalinya di udara.

Pada waktunya Allah tentang sejarah pengembangan umat manusia, berapa lama lagi waktunya dan tinggal berapa hari dan jam lagi yang tersisa sampai waktu menunjukkan akhir peristiwa pengembangan manusia? Sekarang mari menyelidiki tentang bagaimana Allah pengasih telah merencanakan dan membuat kehendak-Nya untuk membimbing Israel pada jalan keselamatan.

Penggenapan Nubuat-nubuat di Alkitab dalam Rangkaian Sejarah Manusia

Terdapat banyak sekali nubuat dalam Alkitab, dan semuanya adalah perkataan dari Allah sang Pencipta yang Mahakuasa. Sebagaimana yang disebutkan dalam Yesaya 55:11,

"Demikianlah firman-Ku yang keluar dari mulut-Ku: ia tidak akan kembali kepada-Ku dengan sia-sia, tetapi ia akan melaksanakan apa yang Kukehendaki, dan akan berhasil dalam apa yang Kusuruhkan kepadanya," Firman Allah telah digenapi sejauh ini, dan setiap firman akan digenapi.

Sejarah bangsa Israel dengan jelas menegaskan bahwa nubuat-nubuat Alkitab telah digenapi persis sama tanpa ada sedikitpun kesalahan. Sejarah bangsa Israel telah dipenuhi sesuai dengan nubuat-nubuat yang ada di dalam Alkitab. Penawanan bangsa Isreel selama 400 tahun di Mesir dan Pengeluaran, masuknya mereka ke tanah Kanaan yang melimpah dengan susu dan madunya, pembagian kerajaan mereka menjadi dua – Israel dan Yehuda dan penghancurannya; Penawanan di Babel; kembalinya Israel ke rumah; kelahiran Mesias, dan penyaliban Mesias; penghancuran Israel dan penyerakannya ke seluruh bangsa dan pendirian kembali Israel sebagai sebuah bangsa dan merdeka.

Sejarah umat manusia ada di bawah kendali Allah yang Mahakuasa, dan kapan saja Dia menyelesaikan sesuatu yang penting, dia akan memberitahu nabi Allah tentang apa yang akan terjadi kemudian (Amos 3:7). Allah memberitahu Nuh, seorang laki-laki yang benar dan tidak bersalah pada masanya, bahwa Air Bah akan menghancurkan seluruh dunia. Dia memberitahu Abraham bahwa kota Sodom dan Gomora akan dihancurkan dan Dia mengijinkan Nabi Daniel dan Rasul Yohanes tahu tentang apa yang akan terjadi pada akhir dunia.

Sebagian besar nubuat yang ditulis dalam Alkitab telah

digenapi dengan persis sama, dan nubuat-nubuat akan digenapi pada Kedatangan Tuhan yang Kedua kalinya dan beberapa hal yang akan mendahuluinya.

Tanda-tanda Akhir Zaman

Hari ini tidak peduli betapa serius kami menjelaskan bahwa sekarang adalah akhir waktunya, banyak orang tidak mau mempercayainya. Bukannya menerima hal tersebut, mereka berpikir orang-orang yang membicarakan akhir zaman adalah orang aneh dan berusaha menghindar untuk mendengar mereka. Mereka pikir matahari akan terbit dan terbenam, orang akan dilahirkan dan mati dan kehidupan manusia akan terus berlanjut sebagaimana biasanya seperti yang lalu-lalu.

Alkitab mencatat hal ini terkait dengan akhir zaman, *"Yang terutama harus kamu ketahui ialah, bahwa pada hari-hari zaman akhir akan tampil pengejek-pengejek dengan ejekan-ejekannya, yaitu orang-orang yang hidup menuruti hawa nafsunya. Kata mereka: 'Dimanakah janji tentang kedatangan-Nya itu? Sebab sejak bapa-bapa leluhur kita meninggal, segala sesuatu tetap seperti semula, pada waktu dunia diciptakan'"* (2 Petrus 3:3-4).

Setiap kali seorang manusia dilahirkan, akan ada waktunya dia akan mati juga. Dalam cara yang sama, sebagaimana sejarah manusia memiliki permulaan, dia juga akan memiliki akhir.

Ketika waktu yang telah ditetapkan Allah tiba, segala sesuatu dalam dunia ini akan berakhir.

Pada waktu itu juga akan muncul Mikhael, pemimpin besar itu, yang akan mendampingi anak-anak bangsamu; dan akan ada suatu waktu kesesakan yang besar, seperti yang belum pernah terjadi sejak ada bangsa-bangsa sampai pada waktu itu. Tetapi pada waktu itu bangsamu akan terluput, yakni barangsiapa yang didapati namanya tertulis dalam Kitab itu. Dan banyak dari antara orang-orang yang telah tidur di dalam debu tanah, akan bangun, sebagian untuk mendapat hidup yang kekal, sebagian untuk mengalami kehinaan dan kengerian yang kekal. Dan orang-orang bijaksana akan bercahaya seperti cahaya cakrawala, dan yang telah menuntun banyak orang kepada kebenaran seperti bintang-bintang, tetap untuk selama-lamanya. Tetapi engkau, Daniel, sembunyikanlah segala firman itu, dan meteraikanlah Kitab itu sampai pada akhir zaman; banyak orang akan menyelidikinya, dan pengetahuan akan bertambah (Daniel 12:1-4).

Melalui Nabi Daniel, Allah menubuatkan apa yang akan terjadi pada akhir zaman. Beberapa orang berkata bahwa nubuat-nubuat yang diberikan melalui Daniel telah benar-benar terjadi di masa lampau. Tetapi nubuat ini akan benar-benar dipenuhi pada saat akhir sejarah umat manusia, dan sepenuhnya konsisten dengan tanda-tanda mengenai hari-hari terakhir dunia yang ditulis dalam Perjanjian Baru.

Nubuat Daniel ini berkaitan dengan Kedatangan Tuhan yang Kedua Kali. Ayat 1 berkata, *"Dan akan ada suatu waktu kesesakan yang besar, seperti yang belum pernah terjadi sejak ada bangsa-bangsa sampai pada waktu itu. Tetapi pada waktu itu bangsamu akan terluput, yakni barangsiapa yang didapati namanya tertulis dalam Kitab itu,"* menjelaskan pada kita tentang masa tujuh tahun Kesusahan Besar yang akan terjadi pada saat akhir dunia dan tentang mengumpulkan keselamatan.

Bagian kedua dari Ayat 4 berkata, *"Banyak orang akan menyelidikinya, dan pengetahuan akan bertambah,"* menjelaskan kehidupan sehari-hari yang dijalani oleh orang-orang hari ini. Kesimpulannya, nubuat-nubuat Daniel ini tidak mengacu pada penghancuran bangsa Israel yang terjadi pada tahun 70 SM tetapi mengacu pada tanda-tanda akhir zaman.

Yesus berbicara kepada murid-murid-Nya tentang tanda-tanda akhir zaman dengan lebih rinci. Dalam Matius 24, Dia berkata, *"Kamu akan mendengar deru perang atau kabar-kabar tentang perang. Sebab bangsa akan bangkit melawan bangsa, dan kerajaan melawan kerajaan. Akan ada kelaparan dan gempa bumi di berbagai tempat. Banyak nabi palsu akan muncul dan menyesatkan banyak orang. Dan karena makin bertambahnya kedurhakaan, maka kasih kebanyakan orang akan menjadi dingin."*

Lihat dan Dengarlah!

Bagaimana situasai dunia hari ini? Kita mendengar berita adanya perang dan kabar-kabar tentang perang dan terorisme meningkat setiap harinya. Pertengkaran antara negara satu dengan yang lainnya dan kerajaan bangkit melawan kerajaan lainnya. Banyak terjadi bencana kelaparan dan gempa bumi. Terdapat sejumlah besar berbagai jenis bencana alam, dan bencana yang disebabkan oleh kondisi cuaca yang tidak biasa. Lebih lagi, kedurhakaan semakin meningkat merata di seluruh dunia, dosa dan kejahatan merajalela di seluruh dunia, Dan kasih orang menjadi dingin.

Hal yang sama ditulis dalam Surat Kedua Timotius.

Ketahuilah bahwa pada hari-hari terakhir akan datang masa yang sukar. Manusia akan mencintai dirinya sendiri dan menjadi hamba uang. Mereka akan membual dan menyombongkan diri, mereka akan menjadi pemfitnah, mereka akan berontak terhadap orang tua dan tidak tahu berterima kasih, tidak mempedulikan agama, tidak tahu mengasihi, tidak mau berdamai, suka menjelekkan orang, tidak dapat mengekang diri, garang, tidak suka yang baik, suka mengkhianat, tidak berpikir panjang, berlagak tahu, lebih menuruti hawa nafsu dari pada menuruti Allah. Secara lahiriah mereka menjalankan ibadah mereka, tetapi pada hakekatnya mereka memungkiri kekuatannya. Jauhilah mereka itu! (2 Timotius 3:1-5).

Hari ini orang-orang tidak menyukai hal-hal yang baik, tetapi mencintai uang dan kesenangan. Mereka mencari keuntungan priadi dan melakukan dosa-dosa dan kejahatan yang mengerikan termasuk membunuh dan membakar dengan sengaja tanpa keraguan ataupun akal sehat. Hal-hal ini terjadi begitu banyak dan banyak lagi hal-hal serupa ini sedang terjadi di sekeliling kita sehingga hati orang-orang menjadi semakin kebal sampai kepada titik di mana tidak ada sesuatu pun lagi yang dapat mengejutkan sebagian besar orang. Melihat semua hal ini, kita tidak dapat menyangkal bahwa jalannya sejarah manusia benar-benar sedang mendekati waktu akhirnya.

Bahkan sejarah Israel merupakan petunjuk bagi kita akan tanda-tanda Kedatangan Tuhan yang Kedua Kali dan akhir dari dunia.

Matius 24:32-33 berkata, *"Tariklah pelajaran dari perumpamaan tentang pohon ara: Apabila ranting-rantingnya melembut dan mulai bertunas, kamu tahu, bahwa musim panas sudah dekat. Demikian juga, jika kamu melihat semuanya ini, ketahuilah, bahwa waktunya sudah dekat, sudah di ambang pintu."*

"Pohon Ara" disini mengacu pada bangsa Israel. Sebuah pohon yang tampak mati pada musim dingin tetapi ketika musim semi datang, tunasnya muncul kembali dan cabang-cabangnya tumbuh dan mengeluarkan daun-daun hijau. Sama halnya dengan, sejak penghancuran bangsa Israel yang terjadi pada tahun 70 SM, bangsa Israel sepertinya menghilang total selama kurang lebih dua ribu tahun tetapi ketika waktu yang dipilih Allah tiba, mereka mendeklarasikan kemerdekaannya dan Negara Israel diproklamasikan pada 14 Mei 1948.

Yang lebih penting adalah bahwa kemerdekaan Israel mengindikasikan bahwa Kedatangan Yesus Kristus yang Kedua semakin dekat. Oleh karena itu, bangsa Israel harus menyadari bahwa Mesias, yang masih mereka nanti-nantikan, telah datang ke dunia dan menjadi Juru Selamat seluruh umat manusia dua ribu tahun yang lalu, dan mengingat bahwa Yesus Juru Selamat akan datang ke dunia sebagai Hakim cepat atau lambat.

Apa yang akan terjadi kepada kita yang hidup di hari-hari terakhir menurut nubuat-nubuat Alkitab?

Kedatangan Tuhan di Udara dan Pengangkatan

Sekitar dua ribu tahun yang lalu Yesus disalibkan dan dibangkitkan pada hari yang ketiga mematahkan kuasa kematian, dan sesudahnya Dia naik ke surga dan banyak orang hadir menyaksikan kenaikan-Nya.

"Hai orang-orang Galilea, mengapakah kamu berdiri melihat ke langit? Yesus ini, yang terangkat ke sorga meninggalkan kamu, akan datang kembali dengan cara yang sama seperti kamu melihat Dia naik ke sorga" (Kisah Para Rasul 1:11).

Tuhan Yesus telah membuka gerbang keselamatan bagi umat manusia melalui penyaliban dan kebangkitan-Nya, dan kemudian diangkat naik ke surga dan duduk di sebelah kanan tahta Allah dan mempersiapkan tempat tinggal surgawi bagi mereka yang telah diselamatkan. Dan ketika sejarah umat manusia berakhir, Dia akan datang kembali untuk membawa kita kembali. Kedatangan-Nya yang Kedua dijelaskan dengan baik dalam 1 Tesalonika 4:16-17.

Sebab pada waktu tanda diberi, yaitu pada waktu penghulu malaikat berseru dan sangkakala Allah berbunyi, maka Tuhan sendiri akan turun dari sorga dan mereka yang mati dalam Kristus akan lebih dahulu bangkit; sesudah itu, kita yang hidup, yang masih tinggal, akan diangkat bersama-sama dengan mereka dalam awan menyongsong Tuhan di angkasa. Demikianlah kita akan selama-lamanya bersama-sama dengan Tuhan.

Sungguh suatu pemandangan yang luar biasa ketika Allah datang di udara dalam awan kemuliaan disertai dengan malaikat dan penduduk surga yang tak terhitung jumlahnya! Mereka yang telah diselamatkan akan mengenakan tubuh rohani yang tidak dapat binasa dan bertemu Allah di udara, dan kemudian merayakan tujuh tahun Perjamuan Kawin bersama-sama dengan Tuhan sang Mempelai Pria kita.

Mereka yang telah diselamatkan akan diangkat naik ke

Lihat dan Dengarlah!

udara dan bertemu dengan Tuhan, peristiwa ini disebut "Pengangkatan." Kerajaan udara mengacu pada sebuah bagian dari surga tingkat dua yang disiapkan Allah untuk tujuh tahun Perjamuan Kawin.

Allah membagi alam rohani menjadi beberapa bagian, dan salah satu diantaranya adalah surga tingkat dua. Surga tingkat dua dibagi lagi menjadi dua daerah – Eden yaitu dunia terang dan dunia kegelapan. Dalam sebuah bagian dari dunia terang terletak sebuah tempat istimewa yang dipersiapkan untuk tujuh tahun Perjamuan Kawin.

Orang-orang yang telah memperindah diri mereka dengan iman untuk mendapatkan keselamatan dalam dunia penuh dosa dan kejahatan ini, akan diangkat ke udara sebagai pengantin perempuannya Tuhan, dan kemudian bertemu dengan Tuhan dan menikmati tujuh tahun Perjamuan Kawin.

Marilah kita bersukacita dan bersorak-sorai, dan memuliakan Dia! Karena hari perkawinan Anak Domba telah tiba, dan pengantin-Nya telah siap sedia. Dan kepadanya dikaruniakan supaya memakai kain lenan halus yang berkilau-kilauan dan yang putih bersih! (Lenan halus itu adalah perbuatan-perbuatan yang benar dari orang-orang kudus.) Lalu ia berkata kepadaku: "Tuliskanlah: Berbahagialah mereka yang diundang ke perjamuan kawin Anak Domba." Katanya lagi kepadaku: "Perkataan ini adalah benar, perkataan-

perkataan dari Allah" (Wahyu 19:7-9).

Mereka yang akan diangkat ke udara akan dihiburkan atas kemenangan iman mereka atas dunia selama Perjamuan Kawin dengan Tuhan, sementara mereka yang tidak diangkat akan mengalami penderitaan yang tidak dapat diungkapkan dalam kesengsaraan yang disebabkan oleh roh-roh jahat yang dibebaskan ke bumi pada saat Kedatangan Tuhan yang Kedua kalinya di udara.

Tujuh Tahun Masa Kesusahan Besar

Sementara mereka yang telah diselamatkan menikmati masa tujuh tahun Perjamuan Kawin di udara dan memimpikan surga yang bahagia dan abadi, kesengsaraan besar yang tidak ada bandingannya dalam sejarah umat manusia akan menutupi seluruh bumi dan hal-hal yang menyeramkan akan terjadi.

Bagaimana kemudian masa tujuh tahun Kesusahan Besar dimulai? Semenjak Tuhan kita datang kembali di udara dan begitu banyak orang yang akan diangkat pada saat yang bersamaan, mereka yang tetap tinggal di bumi akan menjadi sangat panik dan terkejut atas kehilangan tiba-tiba anggota keluarga, teman-teman dan tetangga mereka dan mereka akan berkeliling mencari mereka.

Segera mereka akan menyadari bahwa Pengangkatan yang dibicarakan oleh orang Kristen ternyata benar-benar terjadi.

Mereka akan merasa ketakutan akan pemikiran tujuh tahun Kesusahan Besar yang akan datang menimpa mereka. Mereka akan diliputi dengan kegelisahan dan rasa panik yang luar biasa. Dan ketika para pengemudi pesawat terbang, kapal laut, kereta api, mobil dan kendaraan lain diangkat ke surga, sejumlah besar kecelakaan lalu lintas dan kebakaran akan terjadi, dan bangunan-bangunan rubuh, dan kemudian dunia dipenuhi dengan kekacauan dan ketidakteraturan luar biasa.

Pada saat ini seseorang akan muncul dan membawa damai kepada dunia. Dia adalah penguasa Uni Eropa. Dia akan menempatkan kekuatan politik, ekonomi, dan organisasi militer bersama, dan dengan kekuasaan yang digabungkan tersebut, dia akan memerintah dunia dan membawa damai dan kestabilan kepada masyarakat. Itulah mengapa begitu banyak orang akan bersukacita akan kehadirannya di tingkat dunia. Banyak orang akan menyambutnya dengan sangat antusias, mendukung dengan setia dan menolongnya dengan aktif.

Dia akan menjadi antikristus seperti yang disebutkan dalam Alkitab yang akan memimpin masa tujuh tahun Kesusahan Besar, tetapi untuk beberapa waktu dia akan muncul sebagai seorang "pembawa damai." Dalam kenyataannya antikristus akan membawa damai dan keteraturan kepada masyarakat dalam tahun-tahun awal masa tujuh tahun Kesusahan Besar. Alat yang akan digunakannya untuk mencapai perdamaian dunia dalah tanda binatang, tanda '666' ini dicatat dalam Alkitab.

Dan ia menyebabkan, sehingga kepada semua orang,
kecil atau besar, kaya atau miskin, merdeka atau hamba,
diberi tanda pada tangan kanannya atau pada dahinya,
dan tidak seorangpun yang dapat membeli atau
menjual selain dari pada mereka yang memakai tanda
itu, yaitu nama binatang itu atau bilangan namanya.
Yang penting di sini ialah hikmat: barangsiapa yang
bijaksana, baiklah ia menghitung bilangan binatang itu,
karena bilangan itu adalah bilangan seorang manusia,
dan bilangannya ialah enam ratus enam puluh enam
(Wahyu 13:16-18).

Apakah Tanda Binatang itu?

Binatang itu mengacu pada sebuah komputer. Uni Eropa akan mendirikan organisasi mereka dengan memanfaatkan komputer. Dengan komputer setiap orang dari Uni Eropa akan diberikan *barcode* pada tangan kanan atau di dahi mereka. *Barcode* adalah tanda dari binatang tersebut. Setiap jenis informasi pribadi setiap individu akan dimasukkan ke dalam sebuah *barcode*, dan *barcode* ini ditanamkan pada tubuh mereka. Dengan *barcode* yang ditanamkan pada tubuh, komputer Uni Eropa akan dapat memantau, melihat, memeriksa dan mengendalikan setiap orang dengan rinci dimana pun seseorang berada dan apa pun yang dilakukannya.

Kartu kredit dan kartu tanda penduduk kita saat ini akan

digantikan dengan tanda makhluk jahanam, "666." Kemudian, orang-orang tidak akan membutuhkan uang tunai atau cek lagi. Mereka tidak perlu lagi kuatir akan kehilangan harta benda mereka atau seseorang merampok uang mereka. Titik kekuatan ini akan mendorong tanda binatang "666" menyebar ke seluruh dunia dalam waktu singkat, dan tanpa tanda ini, tidak ada seorang pun yang dapat diidentifikasi, juga tidak dapat menjual atau membeli apa pun.

Sejak permulaan masa tujuh tahun Kesusahan Besar orang-orang akan menerima tanda binatang, tetapi mereka tidak akan dipaksa untuk menerimanya. Mereka hanya direkomendasikan untuk melakukannya sampai organisasi di Uni Eropa resmi didirikan. Setelah setengah bagian pertama dari tujuh tahun Kesengsaraan Besar selesai dan organisasi menjadi stabil, kemudian Uni Eropa akan memaksa semua orang untuk diberikan tanda dan tidak akan memaafkan mereka yang menolaknya. Karenanya, UE akan mengikat orang-orang melalui tanda binatang dan membimbing mereka sesuai dengan keinginannya.

Pada akhirnya sebagian besar orang yang tetap bertahan selama masa tujuh tahun Kesusahan Besar tersebut akan membatasi kendali antikristus dan pemerintahan makhluk jahanam tersebut. Karena antikristus ini akan dikendalikan oleh musuh kita iblis, UE akan membuat manusia melawan Allah dan memimpin mereka ke jalan kejahatan, ketidakbenaran, dosa dan kehancuran.

Namun demikian, beberapa orang tidak akan menyerah pada kekuasaan antikristus. Mereka yang telah percaya kepada Yesus Kristus tetapi gagal diangkat ke surga pada saat Kedatangan Tuhan yang Kedua karena mereka tidak memiliki cukup iman. Beberapa dari mereka yang dulunya pernah menerima Tuhan dan hidup dalam kasih karunia Allah, tetapi kemudian kehilangan kasih karunia tersebut dan kembali pada dunia, dan beberapa lagi mereka yang mengakui iman mereka dalam Kristus dan menghadiri ibadah gereja namun hidup dalam kesenangan duniawi karena mereka gagal memiliki iman rohani. Ada juga orang-orang yang baru saja menerima Tuhan Yesus Kristus dan beberapa orang Yahudi akan dibangunkan dari tidur rohani mereka melalui Pengangkatan tersebut.

Ketika mereka menyaksikan kenyataan tentang Pengangkatan, mereka akan menyadari bahwa semua firman, baik dalam Perjanjian Lama dan Baru, adalah benar adanya, dan mereka akan meratap sambil memukuli tanah. Mereka akan diliputi dengan ketakutan luar biasa, bertobat dari yang sebelumnya tidak hidup sesuai kehendak Allah, dan mencoba untuk mencari sebuah jalan untuk menerima keselamatan.

Dan seorang malaikat lain, malaikat ketiga, menyusul mereka, dan berkata dengan suara nyaring: 'Jikalau seorang menyembah binatang dan patungnya itu, dan menerima tanda pada dahinya atau pada tangannya, maka ia akan minum dari anggur murka Allah, yang disediakan tanpa campuran dalam cawan murka-Nya;

dan ia akan disiksa dengan api dan belerang di depan mata malaikat-malaikat kudus dan di depan mata Anak Domba. Maka asap api yang menyiksa mereka itu naik ke atas sampai selama-lamanya, dan siang malam mereka tidak henti-hentinya disiksa, yaitu mereka yang menyembah binatang serta patungnya itu, dan barangsiapa yang telah menerima tanda namanya.' Yang penting di sini ialah ketekunan orang-orang kudus, yang menuruti perintah Allah dan iman kepada Yesus (Wahyu 14:9-12).

Jika seseorang menerima tanda binatang, dia dipaksa untuk menjadi patuh kepada antikristus yang melawan Allah. Itulah mengapa Alkitab menekankan bahwa siapa pun yang diberikan tanda binatang tidak dapat menggapai keselamatan. Selama masa Kesusahan Besar mereka yang tahu fakta ini akan berusaha keras untuk tidak menerima tanda binatang tersebut untuk menunjukkan bukti bahwa mereka memiliki iman.

Identitas antikristus akan disingkapkan dengan sangat jelas. Dia akan mengkategorikan mereka yang akan menentang kebijakannya dan menolak untuk menerima tanda sebagai elemen masyarakat yang tidak murni dan mengusir mereka dari masyarakat dengan alasan melanggar kedamaian sosial. Dan, dia akan memaksa mereka untuk menyangkal Yesus Kristus dan untuk menerima tanda binatang. Jika mereka menentang, penganiayaan hebat akan terjadi dan mereka akan menjadi martir.

Keselamatan dengan Menjadi Martir karena Tidak Menerima Tanda Binatang

Penyiksaan-penyiksaan bagi mereka yang menentang menerima tanda jahanam selama masa tujuh tahun Kesusahan Besar tidak dapat dibayangkan hebatnya. Penyiksaan-penyiksaan sangat menekan bagi mereka untuk dijalani, sehingga akan didapatkan hanya sedikit orang yang menang atasnya dan mendapatkan kesempatan terakhir untuk keselamatan mereka. Beberapa dari mereka akan berkata, "Saya tidak akan meninggalkan iman saya kepada Tuhan. Saya tetap percaya kepada-Nya dari hati saya. Penyiksaan-penyiksaan sangat berat buat saya sehingga saya menyangkal Tuhan hanya dengan mulut saya. Allah akan mengerti saya dan menyelamatkan saya." Dan kemudian menerima tanda binatang tersebut. Tetapi keselamatan mereka sama sekali tidak dapat diberikan.

Beberapa tahun yang lalu saat saya sedang berdoa, Allah menunjukkan pada saya dalam sebuah penglihatan bagaimana beberapa orang dari mereka yang tetap bertahan selama masa Kesusahan Besar akan menolak menerima tanda binatang dan disiksa. Itu merupakan pemandangan yang sangat menyeramkan! Para penyiksa menguliti, mematahkan semua sendi tubuh, memotong jari-jari tangan, jari-jari kaki, tangan dan kaki dan menuangkan minyak mendidih pada tubuh mereka.

Selama Perang Dunia Kedua, pembunuhan dan penyiksaan yang menyeramkan terjadi dan mereka melakukan percobaan medis kepada tubuh yang masih hidup. Penyiksaan-penyiksaan tersebut tidak dapat dibandingkan dengan penyiksaan pada masa tujuh tahun Kesusahan Besar. Setelah Pengangkatan, antikristus yang adalah satu dengan musuh iblis akan memerintah dunia dan tidak memiliki ampun dan belas kasihan kepada siapa pun.

Musuh iblis dan kekuatan antikristus akan membujuk orang-orang untuk menyangkal Yesus dengan segala cara untuk membawa mereka ke neraka. Mereka akan menyiksa orang-orang percaya, tetapi tidak langsung membunuh mereka, dengan metode penyiksaan yang sangat ahli dengan segala jenis metode kejam. Semua jenis metode penyiksaan dan alat-alat penyiksaan yang terkini digunakan untuk menyiksa akan membuat orang-orang percaya menjadi sangat panik dan kesakitan. Tetapi penyiksaan yang mengerikan akan terus berlanjut.

Orang-orang yang disiksa berharap untuk segera mati, tetapi tidak dapat memilih kematian karena antikristus tidak akan membunuh mereka dengan gampang dan mereka tahu dengan jelas bahwa kematian karena bunuh diri tidak akan pernah membawa kepada keselamatan.

Dalam penglihatan yang Allah tunjukkan pada saya bahwa sebagian besar orang-orang ini tidak dapat menahan rasa sakitnya penyiksaan dan menyerah kepada antikristus. Untuk beberapa lama beberapa dari mereka tampaknya dapat bertahan dan menang atas penyiksaan dengan niat yang kuat, tetapi ketika mereka melihat anak-anak atau orang tua yang mereka kasihi sedang disiksa dengan cara yang sama mereka melapaskan perlawanan, menyerah kepada antikristus dan kemudian menerima tanda jahanam tersebut.

Diantara orang-orang yang disiksa ini, hanya sedikit yang memiliki hati yang lurus dan benar yang akan menang atas penyiksaan yang mengerikan dan godaan licik dari antikristus, dan mati sebagai martir. Karenanya, mereka yang menjaga iman mereka dengan menjadi martir selama masa Kesusahan Besar dapat ambil bagian dalam parade keselamatan.

Jalan Keselamatan dari Kesusahan yang Akan Datang

Ketika pecah Perang Dunia Kedua, orang Yahudi, yang telah hidup damai di Jerman, tidak menyangka bahwa pembunuhan mengerikan seperti pembantaian enam juta orang sedang menanti mereka. Tidak ada seorang pun yang tahu atau dapat meramalkan bahwa negara Jerman yang telah memberikan keamanan dan stabilitas relatif kepada mereka dapat tiba-tiba berubah menjadi sebuah kekuatan jahat dalam jangka waktu yang sangat pendek tersebut.

Pada saat itu, tanpa tahu apa yang akan terjadi, orang-orang Yahudi tidak berdaya dan mereka tidak dapat melakukan apapun untuk menghindari penderitaan hebat. Allah berharap bagi umat pilihan-Nya untuk dapat menghindari bencana yang akan datang sebentar lagi. Itulah mengapa Allah mencatat akhir dunia secara rinci dalam Alkitab dan membiarkan nabi-nabi Allah memperingatkan bangsa Israel akan datangnya kesengsaraan dan membangunkan mereka.

Hal yang paling penting untuk diketahui Israel adalah bahwa bencana Kesusahan ini tidak dapat dihindari, dan dari pada melarikan diri darinya, Israel akan berada di pusat Kesusahan Besar tersebut. Saya berharap Anda menyadari bahwa kesengsaraan ini akan terjadi sebentar lagi dan akan datang pada Anda seperti seorang pencuri jika Anda tidak bersiap-siap. Anda harus bangun dari tidur rohani jika Anda ingin menghindar dari bencana yang menyeramkan tersebut.

Saat ini adalah waktunya Israel harus bangun! Mereka harus bertobat bahwa mereka tidak mengenali Mesias, dan harus menerima Yesus Kristus sebagai Juru Selamat bagi seluruh umat manusia, dan untuk memiliki iman sejati yang Allah inginkan untuk mereka miliki sehingga mereka akan diangkat dengan bersukacita ketika Tuhan datang kembali di udara.

Saya mendorong Anda untuk memuat dalam pikiran Anda bahwa antikristus akan muncul di hadapan Anda seperti pembawa damai seperti halnya yang dilakukan negara Jerman pada masa sebelum Perang Dunia Kedua. Dia akan menawarkan perdamaian dan kenyamanan, tetapi kemudian dengan cepat dan sama sekali tak terduga, antikristus akan menjadi kekuatan besar, sebuah kekuatan yang sedang bertumbuh dalam kekuasaan pada saat ini, dan dia akan membawa penderitaan dan bencana yang tidak pernah terbayangkan.

Sepuluh Jari Kaki

Alkitab memiliki banyak pasal-pasal profetik mengenai apa yang akan terjadi di masa yang akan datang. Secara khusus, jika kita melihat nubuat-nubuat yang ditulis dalam buku nabi-nabi besar pada Perjanjian Lama mereka memberitahu kita sebelumnya tidak hanya tentang masa depan Israel tetapi juga tentang masa depan dunia. Menurut Anda apa alasannya? Umat pilihan Allah bangsa Israel telah, sedang dan akan berada di tengah-tengah sejarah umat manusia.

Patung Besar yang Dicatat dalam Nubuat Daniel

Kitab Daniel menubuatkan tidak hanya tentang masa depan Israel, tetapi juga tentang apa yang akan terjadi pada dunia pada hari-hari terakhir dalam hubungannya dengan akhir bagi bangsa Israel. Dalam Kitab Daniel 2:31-33, Daniel mengartikan mimpi Raja Nebukadnezar dengan inspirasi dari Allah, dan pengertian mimpi tesebut menubuatkan apa yang akan terjadi pada waktu akhir dunia.

Ya raja, tuanku melihat suatu penglihatan, yakni sebuah patung yang amat besar! Patung ini tinggi,

berkilau-kilauan luar biasa, tegak di hadapan tuanku,
dan tampak mendahsyatkan. Adapun patung itu,
kepalanya dari emas tua, dada dan lengannya dari
perak, perut dan pinggangnya dari tembaga, sedang
pahanya dari besi dengan kakinya sebagian dari besi
dan sebagian lagi dari tanah liat (Daniel 2:31-33).

Kemudian apa yang dinubuatkan oleh ayat ini tentang situasi dunia pada hari-hari terakhir?

"Patung yang amat besar" yang Raja Nebukadnezar lihat dalam mimpinya tidak lain adalah Uni Eropa. Hari ini dunia dikendalikan oleh dua kekuatan – Amerika Serikat dan Uni Eropa. Tentu saja pengaruh Rusia dan Cina tidak dapat diabaikan. Tetapi, Amerika Serikat dan Uni Eropa akan tetap menjadi kekuasaan yang paling mempengaruhi di dunia dalam hal ekonomi dan kekuatan militer.

Saat ini, UE tampak sedikit lebih lemah, tetapi dia akan berkembang dengan cepat. Tidak ada keraguan akan hal itu saat ini. Sampai sekarang AS telah menjadi sebuah negara yang paling dominan di dunia, tetapi sedikit demi sedikit UE akan menjadi lebih dominan di seluruh dunia dibandingkan dengan AS.

Hanya beberapa dasawarsa yang lalu, tidak seorang pun yang dapat membayangkan bahwa negara-negara Eropa dapat disatukan menjadi satu sistem pemerintahan Tentu saja, negara-negara Eropa telah mendiskusikan tentang Uni Eropa ini untuk jangka waktu yang lama, tetapi tidak seorang pun dapat menjamin bahwa mereka dapat melebur batas-batas identitas nasional, bahasa, mata uang dan batas-batas lainnya dalam rangka membentuk suatu badan yang bersatu.

Tetapi, dimulai pada akhir tahun 1980-an, para pemimpin negara-negara Eropa mulai serius mendiskusikan masalah ini hanya karena sekedar masalah ekonomi. Selama periode Perang Dingin kekuatan utama untuk menjaga dominasi dalam dunia adalah kekuatan militer, tetapi karena Perang Dingin mulai berakhir, kekuatan utama berubah dari kekuatan militer menjadi kekuatan ekonomi.

Untuk mempersiapkan hal ini negara-negara Eropa telah berupaya untuk bersatu dan sebagai hasilnya, mereka telah menjadi satu dalam sebuah kesatuan ekonomi. Sekarang, satu hal lagi yang perlu dilaksanakan adalah penyatuan politik, membawa negara-negara bersama dalam satu sistem pemerintahan, dan situasi saat ini memacu terbentuknya hal tersebut.

"Patung ini tinggi, berkilau-kilauan luar biasa, tegak di hadapan tuanku, dan tampak mendahsyatkan," yang disebutkan dalam Daniel 2:31, menubuatkan tentang pertumbuhan dan kegiatan Uni Eropa. Hal ini memberitahu kita betapa kuat dan berkuasa Uni Eropa nantinya.

UE Akan Memiliki Kekuasaan yang Sangat Besar

Bagaimana UE akan dapat memiliki kekuasaan yang sangat besar? Daniel 2:32 kemudian memberi kita sebuah jawaban yang menjelaskan terbuat dari apa bagian kepala patung, dada, tangan, perut, paha, kaki bagian bawah, dan kaki bagian bawah.

Pertama-tama, Ayat 32 berkata, "Adapun patung itu, kepalanya dari emas tua." Nubuat ini bahwa UE akan membaik secara ekonomi dan memerintahkan kekuatan ekonomi melalui akumulasi kekayaan. Seperti yang dinubuatkan di sini, UE akan mendapatkan keuntungan dan membuat pencapaian-pencapaian luar biasa melalui kesatuan ekonomi.

Kemudian, ayat yang sama berkata, "dada dan lengannya dari perak." Hal ini melambangkan bahwa UE akan secara sosial, budaya dan politik akan mulai bersatu. Ketika seorang presiden tunggal dipilih untuk mewakili UE, hal itu kelihatannya akan mencapai kesatuan politik, dan menjadi suatu kesatuan yang utuh dalam aspek sosial dan budaya. Namun dalam sebuah perencanaan kesatuan yang tidak lengkap, masing-masing anggota akan mencari keuntungan ekonominya sendiri.

Kemudian, dikatakan, "perut dan pinggangnya dari tembaga." Hal ini melambangkan bahwa UE akan mencapai kesatuan militer. Masing-masing negara UE ingin memiliki kekuatan ekonomi. Kesatuan militer ini akan menjadi dasar untuk maksud

Lihat dan Dengarlah!

keuntungan ekonomi, yang merupakan tujuan utamanya. Dalam rangka bergabung untuk mengumpulkan kekuasaan untuk mengendalikan dunia melalui kekuayan ekonomi, tidak ada pilihan lain kecuali menjadi bersatu dalam bidang sosial, budaya, politik, dan militer.

Akhirnya, ayat ini berkata, "sedang pahanya dari besi." Ini mengacu pada dasar kuat lainnya untuk memperkuat dan mendukung UE melalui kesatuan agama. Dalam tahap awal, UE akan memproklamirkan agama Katolik sebagai agama negaranya. Agama Katolik akan memperoleh kekuatan dan menjadi sebuah mekanisme dukungan untuk memperkuat dan menjaga UE.

Pengertian Rohani dari Sepuluh Jari Kaki

Ketika UE berhasil menyatukan beberapa negara dalam bidang pengaruh ekonomi, politik, sosial, budaya, militer, dan agama, mereka akan memamerkan kesatuan dan kekuasaan mereka terlebih dulu, namun sedikit demi sedikit mereka akan mulai mengalami tanda-tanda perpecahan dan pembubaran.

Dalam tahap awal UE, negara-negara UE akan menjadi bersatu karena mereka memberi kelonggaran kepada satu sama lain untuk keuntungan ekonomi yang saling menguntungkan. Tetapi, dengan berjalannya waktu akan ada perbedaan sosial, budaya, politik dan ideologi dan perpecahan pun timbul diantara mereka. Kemudian berbagai tanda perpisahan akan muncul. Akhirnya, masalah agama akan muncul –secara terbuka – konflik antara agama Katolik dan Protestan.

Daniel 2:23 berkata, "....kakinya sebagian dari besi dan sebagian lagi dari tanah liat." Hal ini berarti bahwa beberapa dari sepuluh jari kaki dibuat dari besi, dan sebagian lainya dari tanah liat. Kesepuluh jari kaki tidak mengacu pada "sepuluh negara Uni Eropa." Hal ini mengacu pada "lima perwakilan negara yang percaya pada agama katolik dan lima perwakilan negara lain yang percaya pada agama Protestan."

Sama seperti besi dan tanah liat tidak dapat disatukan dan dikombinasikan, negara-negara di mana agama Katolik dominan dan negara-negara dimana agama Protestan dominan tidak dapat bersatu sepenuhnya, itulah maka, negara yang mendominasi dan negara yang terdominasi tidak dapat dicampurkan.

Karena tanda-tanda perpecahan dalam UE semakin meningkat, mereka akan merasa semakin penting untuk menyatukan negara-negara dalam agama, dan agama Katolik mendapatkan lebih banyak kuasa di berbagai tempat.

Karenanya, untuk keuntungan ekonomi Uni Eropa akan dibentuk pada hari-hari terakhir, dan kemudian akan meningkat dengan kekuasaan yang luar biasa. Kemudian UE akan menyatukan agamanya sebagai agama Katolik dan persatuan UE akan menjadi semakin kuat, Dan akhirnya UE akan menjadi sebuah berhala.

Berhala adalah obyek untuk disembah dan dipuja oleh orang-orang. Dalam hal ini, UE akan memimpin dunia dengan

Lihat dan Dengarlah!

kekuasaan yang sangat besar, dan memerintah dunia seperti sebuah berhala yang sangat berkuasa.

Perang Dunia Ketiga dan Uni Eropa

Seperti yang disebutkan di atas, ketika Tuhan kita datang kembali di udara pada saat akhir dunia, orang percaya yang tak terhitung jumlahnya akan diangkat ke udara secara bersamaan, dan kekacauan besar akan terjadi di bumi. Sementara itu UE akan mengambil kuasa dan mendominasi seluruh dunia atas nama menjaga perdamaian dan memerintah seluruh dunia dalam waktu singkat, tetapi kemudian UE akan menentang Tuhan dan memimpin masa tujuh tahun Kesusahan Besar.

Kemudian, anggota UE berpisah karena mereka hanya akan mencari keuntungan mereka sendiri. Hal ini akan terjadi pada pertengahan masa tujuh tahun Kesusahan Besar. Pada permulaan masa tujuh tahun Kesusahan Besar, seperti yang dinubuatkan dalam pasal dua belas Kitab Daniel, akan terjadi sesuai dengan aliran sejarah bangsa Israel dan sejarah dunia.

Hanya setelah masa tujuh tahun Kesusahan Besar terjadi, UE akan memperoleh peningkatan kekuasaan dan kekuatan yang sangat besar. Mereka akan memilih seorang presiden tunggal untuk Uni Eropa. Hal ini akan terjadi beberapa saat setelah mereka yang telah menerima Yesus Kristus sebagai Juru Selamat dan menerima hak untuk menjadi anak-anak Allah tiba-tiba diubahkan dan diangkat ke surga pada saat Kedatangan Tuhan yang Kedua di udara.

Sebagian besar orang Yahudi yang tidak menerima Yesus sebagai Juru Selamat akan tetap tinggal di bumi dan menderita dalam masa tujuh tahun Kesusahan Besar. Kesengsaraan dan ketakutan dari masa Kesusahan Besar akan sangat dahsyat dan tidak dapat dideskripsikan. Bumi akan menjadi penuh dengan hal-hal yang sangat menyakitkan hati termasuk perang, pembunuhan, eksekusi, kelaparan, penyakit, dan malapetaka yang lebih ekstrim dibandingkan dengan apa pun yang penah terjadi dalam sejarah umat manusia.

Permulaan masa tujuh tahun Kesusahan Besar akan ditandai di Isreael dengan sebuah perang yang akan pecah antara Israel dengan Timur Tengah. Ketegangan besar yang telah terjadi sejak lama antara Israel dan negara-negara Timur Tengah lainnya dan perselisihan mengenai perbatasan tidak pernah berhenti. Di masa depan perselisihan ini akan menjadi semakin buruk. Sebuah perang besar akan pecah karena kekuasaan dunia akan mencampuri urusan minyak. Mereka akan bertengkar salah satu sama lainnya untuk mendapatkan hak dan keuntungan yang sangat besar dalam hubungan internasional.

Amerika Serikat yang telah menjadi sekutu tradisional Israel untuk jangka waktu yang lama akan mendukung Israel. Uni Eropa, Cina, dan Rusia, yang menentang Amerika Serikat, akan bersekutu dengan Timur Tengah, dan kemudian Perang Dunia Ketiga akan pecah antara kedua pihak.

Perang Dunia Ketiga akan sangat berbeda dengan Perang Dunia Kedua dalam segi skalanya. Pada Perang Dunia Kedua lebih dari lima puluh juta orang dibunuh atau mati sebagai hasil dari perang. Sekarang kekuatan senjata-senjata modern termasuk bom nuklir, senjata kimia dan biologi, dan banyak lagi tidak dapat dibandingkan dengan senjata pada masa Perang Dunia Kedua, dan kengerian akibat penggunaan senjata-senjata tersebut akan tak terbayangkan.

Semua jenis senjata termasuk bom nuklir dan berbagai senjata terkini yang sejak penemuannya akan digunakan tanpa ampun, dan kerusakan-kerusakan dan pembantaian yang tak dapat dijelaskan akan mengikuti. Negara-negara yang berperang akan dihancurkan total dan jatuh miskin. Hal itu tidak akan menghentikan perang. Ledakan nuklir akan diikuti dengan radioaktifitas, dan pencemaran radioaktif, perubahan iklim yang serius dan malapetaka akan menutupi seluruh bumi. Sebagai hasilnya, seluruh bumi seperti juga negara-negara yang berperang tersebut akan seperti berada dalam neraka di dunia.

Di tengah-tengah, mereka akan menghentikan serangan senjata nuklir karena jika senjata nuklir digunakan lagi, akan mengancam keberadaan seluruh umat manusia. Tetapi semua senjata lain dan sejumlah tentara yang sangat banyak akan mempercepat perang. Negara AS, Cina, dan Rusia tidak akan mampu pulih kembali.

Sebagian besar negara di dunia akan hampir runtuh, tetapi UE akan selamat dari pengrusakan yang sangat merugikan.

UE menjanjikan dukungan bagi Cina dan Rusia, tetapi selama perang, UE tidak akan berperan aktif dalam pertikaian tersebut sehingga mereka tidak menderita kerugian besar seperti yang lainnya.

Ketika banyak kekuasaan dunia termasuk AS menderita sejumlah besar kerugian dan kehilangan kuasa dalam angin puyuh peperangan yang belum pernah terjadi sebelumnya, negara UE akan menjadi satu-satunya aliansi nasional yang sangat berkuasa dan akan memerintah dunia. Pada awalnya UE akan hanya mengamati kemajuan perang dan ketika negara-negara lain telah hancur total secara ekonomi dan militer, kemudian UE akan muncul dan mulai menyelesaikan perang. Negara-negara lain tidak akan memiliki pilihan lain kecuali untuk mengikuti keputusan UE karena mereka telah kehilangan kekuasaan.

Sejak itu, setengah masa kedua dari masa tujuh tahun Kesusahan Besar akan dimulai, dan masa tiga setengah tahun berikutnya, antikristus, yang adalah penguasa UE, akan mengendalikan seluruh dunia dan menjadikan dirinya sendiri sebagai orang suci. Dan antikristus akan menyiksa dan menghukum orang-orang yang menentangnya.

Sifat Asli Antikristus Diungkapkan

Pada tahap awal Perang Dunia Ketiga beberapa negara akan menderita kerugian besar akibat perang dan UE akan menjanjikan dukungan ekonomi bagi mereka melalui Cina dan Rusia. Israel akan menderita sebagai fokus utama perang dan pada saat ini UE akan berjanji untuk membangun bait suci Allah yang telah lama sangat diinginkan oleh bangsa Israel. Dengan ketenangan yang dibuat oleh UE, Israel akan memimpikan kebangkitan kemuliaan yang akan mereka nikmati dalam berkat Allah sejak lama. Akibatnya mereka pun akan bersekutu dengan UE.

Karena dukungannya bagi Israel, Presiden UE akan dianggap sebagai Juru Selamat bagi orang-orang Yahudi. Peperangan yang berlarut-larut di Timur Tengah tampaknya akan segera berakhir, dan mereka akan memulihkan kembali Tanah Suci dan membangun bait suci Allah. Mereka akan percaya bahwa Mesias dan Raja mereka, yang telah mereka nantikan sejak lama, akhirnya telah datang dan memulihkan dan memuliakan Israel.

Tetapi penantian dan sukacita mereka akan segera jatuh. Ketika bait suci Allah dibangun kembali di Yerusalem, sesuatu yang tidak diharapkan akan terjadi. Hal ini telah dinubuatkan melalui Kitab Daniel.

Raja itu akan membuat perjanjian itu menjadi berat bagi banyak orang selama satu kali tujuh masa. Pada pertengahan tujuh masa itu ia akan menghentikan korban sembelihan dan korban santapan; dan di atas sayap kekejian akan datang yang membinasakan, sampai pemusnahan yang telah ditetapkan menimpa yang membinasakan itu (Daniel 9:27).

Tentaranya akan muncul, mereka akan Menajiskan tempat kudus, benteng itu, menghapuskan korban sehari-hari dan menegakkan kekejian yang membinasakan (Daniel 11:31).

Sejak dihentikan korban sehari-hari dan ditegakkan dewa-dewa kekejian yang membinasakan itu ada seribu dua ratus dan sembilan puluh hari (Daniel 12:11).

Ketiga ayat ini semuanya menyinggung kepada sebuah peristiwa tunggal yang sama. Ini adalah kejadian yang akan terjadi pada akhir zaman, dan Yesus juga berbicara tentang akhir zaman dengan ayat ini.

Dia berkata dalam Matius 24:15-16, *"Jadi apabila kamu melihat Pembinasa keji berdiri di tempat kudus, menurut firman yang disampaikan oleh nabi Daniel--para pembaca hendaklah memperhatikannya--maka orang-orang yang di Yudea haruslah melarikan diri ke pegunungan."*

Pada awalnya orang Yahudi akan percaya bahwa UE telah membangun kembali bait suci Allah di Tanah Suci yang mereka anggap kudus, tetapi ketika sesuatu yang sangat mereka benci berdiri di tempat kudus tersebut, mereka akan terkejut dan menyadari bahwa apa yang mereka percayai sebelumnya adalah salah. Mereka akan menyadari bahwa mereka telah mengalihkan pandangan mereka dari Yesus Kristus dan bahwa Dialah Mesias mereka dan Juru Selamat umat manusia.

Inilah alasan utama mengapa bangsa Israel harus dibangunkan sekarang. Kecuali Israel dibangunkan sekarang, mereka tidak akan mampu menyadari kebenaran pada waktu yang tepat. Israel akan terlambat menyadari kebenaran, dan hal itu tidak akan dapat ditarik kembali.

Oleh karena itu saya sangat berharap bagi Anda, Israel, untuk dibangunkan sehingga Anda tidak jatuh dalam pencobaan antikristus dan menerima tanda binatang tersebut. Jika Anda ditipu dengan perkataan licin dan mencobai dari antikristus yang menjanjikan Anda kedamaian dan kemakmuran dan menerima tanda binatang tersebut, tanda "666," Anda akan dipaksa untuk jatuh ke jalan yang dapat dikembalikan lagi dan kematian abadi.

Yang lebih menyedihkan lagi adalah bahwa hanya setelah identitas binatang itu disingkapkan, seperti yang dinubuatkan oleh Daniel, akan banyak orang Yahudi yang menyadari bahwa fokus iman mereka telah salah. Melalui buku ini, saya berharap Anda akan menerima Mesias yang telah dikirim oleh Allah dan terhindar dari kejatuhan ke dalam masa tujuh tahun Kesusahan Besar.

Oleh karena itu, seperti yang telah kata katakan sebelumnya, Anda harus menerima Yesus Kristus dan untuk memiliki sebuah iman yang berkenan dalam pemandangan Allah. Itulah satu-satunya jalan bagi Anda untuk mampu lolos dari masa tujuh tahun Kesusahan Besar.

Sungguh menyedihkan bahwa Anda gagal untuk diangkat ke

surga dan ditingggalkan di bumi pada saat Kedatangan Tuhan yang Kedua! Tetapi untungnya Anda masih akan mendapatkan sebuah kesempatan terakhir untuk keselamatan Anda.

Saya memohon dengan sangat bersama-sama dengan Anda untuk menerima Yesus Kristus segera, untum hidup dalam persekutuan dengan saudara seiman dalam Kristus. Tetapi meski saat ini belum terlambat bagi Anda untuk belajar melalui Alkitab dan buku ini bagaimana memelihara iman Anda dalam masa Kesusahan Besar yang akan datang dan menemukan jalan yang telah disediakan Allah bagi kesempatan terakhir Anda untuk mendapatkan keselamatan, dan untuk dibimbing ke jalan yang benar.

Lihat dan Dengarlah!

Kasih Allah yang Tidak Berkesudahan

Allah telah memenuhi pemeliharaan-Nya untuk keselamatan manusia melalui Yesus Kristus, dan tanpa memandang ras dan kebangsaan, siapa pun yang menerima Yesus sebagai Juru Selamatnya dan melakukan kehendak Allah, Allah telah membuatnya menjadi anak-Nya dan mengijinkannya untuk menikmati hidup yang kekal.

Tetapi apa yang terjadi kepada Israel dan orang-orangnya? Banyak dari mereka yang belum menerima Yesus Kristus dan tetap menjauh dari jalan keselamatan. Sungguh sangat disayangkan mereka akan gagal menyadari jalan keselamatan melalui Yesus Kristus meski sampai Tuhan datang kembali di udara dan anak-anak Allah yang telah diselamatkan akan diangkat dari bumi ke udara!

Apa yang akan terjadi kemudian pada Israel umat pilihan Allah? Apakah mereka akan dikeluarkan dari parade anak-anak Allah yang telah diselamatkan? Allah Pengasih telah menyiapkan rencana-Nya yang luar biasa bagi Israel pada saat terakhir sejarah umat manusia.

Allah bukanlah manusia, sehingga Ia berdusta bukan anak manusia, sehingga Ia menyesal. Masakan Ia

berfirman dan tidak melakukannya, atau berbicara dan
tidak menepatinya? (Bilangan 23:19).

Apakah pemeliharaan terakhir yang telah Allah rencanakan bagi Israel di akhir zaman? Allah telah menyiapkan jalan "pengumpulan keselamatan" untuk Israel bangsa pilihan-Nya sehingga mereka dapat memasuki keselamatan dengan menyadari bahwa Yesus yang mereka salibkan adalah Mesias yang telah mereka nanti-nantikan selama ini dan sepenuhnya bertobat dari dosa-dosa mereka di hadapan Allah.

Pengumpulan Keselamatan

Selama masa tujuh tahun Kesusahan Besar, karena mereka telah menyaksikan banyak orang diangkat ke surga dan menjadi tahu tentang kebenaran, beberapa orang akan percaya dan menerima dalam hatinya fakta bahwa surga dan negara benar-benar ada, Allah itu hidup, dan Yesus Kristus adalah satu-satunya Juru Selamat kita. Lebih lagi, mereka akan mencoba untuk tidak menerima tanda binatang itu. Setelah Pengangkatan, mereka akan diubahkan dalam diri mereka sendiri, membaca firman Allah yang ditulis dalam Alkitab, bersama-sama berkumpul dan melakukan ibadah penyembahan dan mencoba untuk hidup sesuai dengan firman Allah.

Pada tahap awal masa Kesusahan Besar banyak orang akan mampu untuk menjalani hidup keagamaan dan bahkan untuk menginjili yang lain karena pada saat itu belum ada penyiksaan yang diatur. Mereka tidak akan menerima tanda binatang tersebut karena mereka telah tahu bahwa mereka tidak dapat menerima keselamatan dengan tanda tersebut, dan berusaha sekuat mereka untuk menjalani hidup yang layak untuk mendapatkan keselamatan bahkan selama masa Kesusahan Besar. Tetapi akan lebih sulit bagi mereka untuk menjaga iman mereka karena Roh Kudus telah meninggalkan dunia.

Banyak dari mereka akan menumpahkan banyak air mata karena mereka tidak akan memiliki seorang pun untuk memimpin ibadah penyembahan dan untuk menolong mereka meningkatkan iman mereka. Mereka harus menjaga iman mereka tanpa pelindungan dan kekuatan Allah. Mereka akan berduka karena mereka harus menyesali bahwa mereka tidak mengikuti pengajaran firman Allah sebelumnya meskipun mereka telah dinasehati untuk menerima Yesus Kristus dan untuk menjalani hidup yang percaya dengan iman. Mereka harus menjaga iman mereka di bawah berbagai jenis pencobaan dan hukuman di dunia ini dimana mereka harus mengalami kesulitan dalam menemukan kebenaran firman Allah.

Beberapa dari mereka akan menyembunyikan diri mereka sendiri dalam gunung-gunung yang terpencil supaya tidak menerima tanda binatang tersebut, tanda "666". Mereka akan mencari akar-akar tanaman dan pohon dan membunuh hewan-hewan untuk makanan karena mereka tidak dapat membeli atau menjual apa pun untuk memperoleh makanan tanpa tanda binatang tersebut. Tetapi selama masa pertengahan kedua dari

Kesusahan Besar, selama tiga setengah tahun, tentara antikristus akan mengejar orang-orang percaya dengan keras dan penuh perhatian. Tidak akan menjadi masalah di gunung terpencil mana mereka menyembunyikan diri, tetapi mereka akan ditemukan dan dibawa oleh tentara tersebut.

Pemerintah binatang tersebut akan mengambil orang-orang yang belum menerima tanda binatang dan memaksa mereka untuk menyangkal Tuhan dan untuk menerima tanda melalui penyiksaan yang hebat. Akhirnya banyak dari mereka akan menyerah dan tidak memiliki pilihan kecuali menerima tanda tersebut karena kesakitan dan ketakutan yang tidak tertahankan dalam tekanan.

Tentara tersebut akan menggantung mereka di dinding dengan telanjang dan menusuk tubuh mereka dengan sebuah tombak kayu yang tajam. Mereka akan dikuliti seluruh tubuhnya mulai dari kepala sampai ujung jari kaki. Tentara tersebut akan menyiksa anak-anak mereka di depan mata mereka sendiri. Penyiksaan-penyiksaan yang dilakukan oleh tentara pada mereka sangatlah kejam sehingga akan sangat sulit bagi mereka untuk mati sebagai martir.

Itulah sebabnya mengapa hanya sedikit yang menang atas semua siksaan dengan keinginan kuat yang melampaui batas kemampuan kekuatan manusia dan mati sebagai martir dapat menerima keselamatan dan mencapai surga. Karenanya, beberapa orang akan diselamatkan dengan cara menjaga iman mereka tanpa mengkhianati Tuhan dan mengorbankan hidup mereka dalam kemartiran di bawah kendali antikristus selama masa Kesusahan Besar. Inilah yang disebut "Pengumpulan Keselamatan."

Allah memiliki rahasia terdalam yang telah Dia siapkan untuk pengumpulan keselamatan bagi bangsa Israel umat pilihan-Nya. Yaitu adanya Dua Orang Saksi dan tempat, Petra.

Kemunculan dan Pelayanan Dua Orang Saksi

Wahyu 11:3 berkata, *"Dan Aku akan memberi tugas kepada dua saksi-Ku, supaya mereka bernubuat sambil berkabung, seribu dua ratus enam puluh hari lamanya."* Dua Saksi tersebut adalah orang-orang yang telah Allah tetapkan dalam rencana-Nya sebelum permulaan zaman untuk menyelamatkan umat pilihan-Nya, Israel. Mereka akan bersaksi kepada orang Yahudi di Israel bahwa Yesus Kristus adalah satu-satunya Mesias yang telah dinubuatkan dalam Perjanjian Lama.

Allah telah berbicara kepada saya tentang Dua Saksi. Dia menjelaskan tentang mereka bahwa mereka tidak terlalu tua, mereka berjalan dalam kebenaran, dan mereka memiliki hati yang lurus. Dia memberitahu saya pengakuan seperti apa yang dibuat oleh salah seorang dari Dua Saksi tersebut di hadapan Allah. Pengakuannya berkata bahwa dia percaya pada agama Yahudi, tetapi dia mendengar bahwa banyak orang yang percaya kepada Yesus Kristus sebagai Juru Selamat dan berbicara tentang Dia. Sehingga, dia berdoa kepada Allah untuk menolongnya melihat apa yang benar dan sejati, berkata seperti ini,

"Oh, Allah!

Apakah masalah yang mengganggu hati saya ini?
Saya percaya segala sesuatu yang benar
yang saya dengar dari orang tua saya dan berkata
Sejak saya masih kecil,
tetapi apakah masalah dan pertanyaan ini yang mengganggu
hati saya?

Banyak orang berkata dan berbicara tentang Mesias.

Tetapi hanya jika seseorang dapat menunjukkan pada saya
dengan bukti yang kuat dan jelas
apakah benar untuk mempercayainya
atau untuk hanya percaya pada apa yang telah saya dengar
sejak saya kecil,
Saya akan sangat bersukacita dan berterima kasih.

Tetapi saya tidak dapat melihat apa pun,
dan untuk mengikuti apa yang dibicarakan oleh orang-orang
tesebut,
saya harus menganggap semua hal tidak berarti dan
merupakan suatu kebodohan
yang telah saya simpan sejak saya kecil.
Apakah itu benar dalam pandangan-Mu?

Allah Bapa!

Jika Engkau berkehendak,
Tunjukkanlah pada saya seseorang
yang dapat menetapkan segala sesuatu dan mengerti segala
sesuatu.
Biarkanlah dia datang kepada saya dan mengajari saya
apa yang sebenarnya tepat dan apakah kebenaran sejati
tersebut.

Ketika saya melihat ke langit,
saya memiliki masalah yang mengganggu hati saya,
dan jika ada seseorang yang dapat memecahkan masalah ini,
tolong tunjukkanlah dia kepada saya.

Saya tidak dapat menghianati dari hati saya semua hal yang
telah saya percayai,
dan ketika saya merenungkan semua hal ini,
jika ada seseorang yang dapat mengajar dan menunjukkannya
kepada saya,
hanya jika dia dapat menunjukkan pada saya bahwa hal itu
benar,
itu tidak berarti bahwa saya akan menghianati semuanya.
saya telah belajar dan melihat.

Oleh karena itu, Allah Bapa!
Tolong tunjukkanlah hal itu kepada saya.

Berilah saya pengertian atas semua hal ini.

Saya menderita tentang banyak hal.

Saya percaya bahwa semua hal yang telah saya dengar sampai sekarang adalah benar.

Tetapi ketika saya merenungkannya lagi dan lagi,

Saya memiliki banyak sekali pertanyaan, dan rasa haus saya belum terpuaskan.

Mengapa hal ini bisa terjadi?

Oleh karena itu, hanya jika saya dapat melihat semua hal ini

dan bisa yakin akan hal tersebut;

hanya jika saya dapat yakin bahwa hal ini bukanlah sebuah penghianatan

terhadap jalan yang telah saya jalani sampai sekarang;

hanya jika saya dapat melihat apa sesungguhnya kebenaran tersebut;

hanya jika saya dapat tahu semua hal

saya telah memikirkannya,

kemudian saya akan bisa mendapatkan

kedamaian dalam hati saya."

Dua Saksi, yang adalah orang Yahudi, sedang mencari dengan sungguh-sungguh tentang kebenaran yang murni, dan Allah akan menjawab mereka dan mengirimkan seorang kudus Allah. Melalui orang kudus Allah tersebut mereka akan menyadari pemeliharaan Allah atas perkembangan manusia dan menerima Yesus Kristus. Mereka akan tinggal di dunia selama masa tujuh tahun Kesusahan Besar dan melakukan pelayanan untuk pertobatan dan keselamatan Israel. Mereka akan menerima kuasa istimewa dari Allah dan bersaksi tentang Yesus Kristus kepada bangsa Israel.

Mereka akan menjadi sangat kudus dalam pandangan Allah, dan melakukan pelayanan mereka selama 42 bulan seperti yang tertulis dalam Wahyu 11:2. Alasan dari Dua Saksi tersebut datang dari Israel adalah karena permulaan dan akhir injil adalah Israel. Injil disebarkan ke dunia oleh Rasul Paulus, dan sekarang jika injil sekali lagi mencapai Israel, yang adalah titik awalnya, kemudian pekerjaan injil akan diselesaikan.

Yesus berkata dalam Kisah Para Rasul 1:8, *"Tetapi kamu akan menerima kuasa, kalau Roh Kudus turun ke atas kamu, dan kamu akan menjadi saksi-Ku di Yerusalem dan di seluruh Yudea dan Samaria dan sampai ke ujung bumi."* "Bagian yang paling terpencil di bumi" disini mengacu pada Israel yang merupakan tujuan akhir dari Injil.

Dua Saksi ini akan mengkhotbahkan pesan salib kepada orang-orang Yahudi dan menjelaskan kepada mereka tentang jalan keselamatan dengan kuasa Allah yang berapi-api. Dan mereka akan melakukan hal-hal luar biasa dan tanda-tanda mujjizat yang membenarkan pesan tersebut. Mereka akan memiliki kuasa untuk mendiamkan langit, sehingga hujan tidak akan turun selama hari-hari mereka benubuat; dan mereka memiliki kuasa atas air untuk mengubahnya menjadi darah, dan untuk menyerang bumi dengan setiap bencana, sesering yang mereka inginkan.

Melalui semua ini banyak orang Yahudi akan berbalik kepada Allah, tetapi pada saat yang sama beberapa yang lainnya akan kehilangan akal sehatnya dan mencoba untuk membunuh Dua Saksi tersebut. Tidak hanya orang Yahudi, tetapi juga banyak orang-orang jahat dari negara-negara lain yang berada di bawah kendali antikristus akan sangat membenci Dua Saksi tersebut dan mencoba membunuh mereka.

Kemartiran Dua Saksi dan Kebangkitannya

Kuasa yang dimiliki oleh Dua Saksi tersebut sangatlah besar sehingga tidak ada seorang pun yang akan berani mencelakai mereka. Akhirnya para penguasa negara akan ambil bagian dalam untuk membunuh mereka. Tetapi alasan kenapa Dua Saksi tersebut akan mati bukan karena para penguasa negara, tetapi karena itu adalah kehendak Allah bagi mereka untuk menjadi martir pada waktu yang telah ditentukan. Tempat di mana mereka akan menjadi martir tidak lain adalah tempat penyaliban Yesus, dan secara tidak langsung menyatakan kebangkitan mereka.

Ketika Yesus disalibkan, tentara Romawi menjaga kuburan-Nya sehingga tidak ada seorang pun dapat mengambil tubuh-Nya. Tetapi tubuh-Nya kemudian tidak terlihat karena Dia telah dibangkitkan. Orang-orang yang membunuh Dua Saksi tersebut akan mengingat tentang hal ini dan kuatir bahwa seseorang mungkin akan mengambil tubuh mereka. Maka, mereka tidak akan membiarkan tubuh Dua Saksi tersebut dikuburkan dalam sebuah kuburan tetapi membaringkan jenasah tersebut di jalan raya sehingga semua orang di dunia dapat melihat jenasah mereka. Atas hal ini, orang-orang jahat yang telah kehilangan akal sehatnya karena menolak injil yang dikotbahkan oleh Dua Saksi tersebut akan sangat bersukacita atas kematian mereka.

Seluruh dunia akan bersukacita dan merayakannnya, dan media massa akan menyebarkan berita kematian mereka kepada dunia melalui satelit selama tiga setengah hari. Setelah tiga setengah hari kebangkitan Dua Saksi tersebut akan terjadi. Mereka akan dihidupkan kembali, bangkit dan diangkat ke surga dalam awan kemuliaan seperti ketika Elia diangkat ke surga dalam angin badai. Pemandangan yang luar biasa ini akan disiarkan ke seluruh dunia dan tak terhitung jumlah orang yang akan menyaksikannya.

Dan pada jam tersebut akan terjadi gempa bumi yang dahsyat, dan sepuluh kota akan rubuh, dan tujuh ribu orang akan terbunuh karena gempa bumi. Wahyu 11:3-13 menjelaskan ini secara rinci sebagai berikut.

Dan Aku akan memberi tugas kepada dua saksi-Ku, supaya mereka bernubuat sambil berkabung, seribu dua ratus enam puluh hari lamanya. Mereka adalah kedua pohon zaitun dan kedua kaki dian yang berdiri di hadapan Tuhan semesta alam. Dan jikalau ada orang yang hendak menyakiti mereka, keluarlah api dari mulut mereka menghanguskan semua musuh mereka. Dan jikalau ada orang yang hendak menyakiti mereka, maka orang itu harus mati secara itu. Mereka mempunyai kuasa menutup langit, supaya jangan turun hujan selama mereka bernubuat; dan mereka mempunyai kuasa atas segala air untuk mengubahnya menjadi darah, dan untuk memukul bumi dengan segala jenis malapetaka, setiap kali mereka menghendakinya. Dan apabila mereka telah menyelesaikan kesaksian mereka, maka binatang yang muncul dari jurang maut, akan memerangi mereka dan mengalahkan serta membunuh mereka. Dan mayat mereka akan terletak di atas jalan raya kota besar, yang secara rohani disebut Sodom dan Mesir, di mana juga Tuhan mereka disalibkan. Dan orang-orang dari segala bangsa dan suku dan bahasa dan kaum, melihat mayat mereka tiga setengah hari lamanya dan orang-orang itu tidak memperbolehkan mayat mereka dikuburkan. Dan mereka yang diam di atas bumi bergembira dan bersukacita atas mereka itu dan berpesta dan saling mengirim hadiah, karena kedua nabi itu telah merupakan siksaan bagi semua orang yang diam di atas bumi. Tiga setengah hari kemudian masuklah roh kehidupan dari Allah ke dalam mereka, sehingga mereka bangkit dan semua orang yang melihat mereka menjadi sangat takut. Dan orang-orang itu mendengar suatu suara yang nyaring dari

Lihat dan Dengarlah!

sorga berkata kepada mereka: "Naiklah ke mari!" Lalu naiklah mereka ke langit, diselubungi awan, disaksikan oleh musuh-musuh mereka. Pada saat itu terjadilah gempa bumi yang dahsyat dan sepersepuluh bagian dari kota itu rubuh, dan tujuh ribu orang mati oleh gempa bumi itu dan orang-orang lain sangat ketakutan, lalu memuliakan Allah yang di sorga. (Wahyu 11:3-13).

Tidak peduli betapa keras kepalanya mereka, jika mereka memiliki sedikit kebaikan dalam hati mereka, mereka akan menyadari bahwa gempa bumi dahsyat dan kebangkitan dan kenaikan Dua Saksi tersebut ke surga adalah pekerjaan Allah, dan memberi kemuliaan kepada Allah. Dan mereka akan didorong untuk mengakui fakta bahwa Yesus dibangkitkan oleh kuasa Allah pada dua ribu tahun yang lalu. Tanpa menghiraukan semua kejadian ini, beberapa orang jahat tidak akan memberi kemuliaan kepada Allah.

Saya mendorong semua Anda untuk menerima kasih Allah. Sampai pada saat terakhir Allah berharap untuk menyelamatkan Anda dan berharap Anda untuk mendengarkan Dua Saksi tersebut. Dua Saksi tersebut akan bersaksi dengan kuasa Allah yang besar yang mereka peroleh dari Allah. Mereka akan membangunkan banyak orang tentang kasih dan kehendak Allah bagi mereka. Dan mereka akan membimbing Anda untuk meraih kesempatan terakhir untuk memperoleh keselamatan.

Saya sungguh-sungguh meminta Anda untuk tidak berdiri di sisi musuh yang menjadi kepunyaannya iblis yang akan membawa saudara ke jalan kehancuran, tetapi untuk mendengarkan Dua Saksi tersebut dan meraih keselamatan.

Petra, Sebuah Tempat Perlindungan untuk Orang-orang Yahudi

Rahasia lain yang telah Allah siapkan bagi umat pilihan-Nya, Israel, adalah Petra, sebuah tempat perlindungan selama masa tujuh tahun Kesusahan Besar. Yesaya 16:1-4 menjelaskan tentang tempat ini yang disebut Petra.

Mereka mengirim anak domba kepada pemerintah negeri, dari Sela melalui padang gurun ke gunung puteri Sion. Seperti burung yang lari terbang, dan isi sarang yang diusir, demikianlah anak-anak perempuan Moab di tempat-tempat penyeberangan sungai Arnon. Berilah nasihat, pertahankanlah hak, jadilah naungan yang teduh di waktu rembang tengah hari; sembunyikanlah orang-orang yang terbuang, janganlah khianati orang-orang pelarian! Biarkanlah orang-orang yang terbuang dari Moab menumpang padamu, jadilah tempat persembunyian baginya terhadap si pembinasa! Apabila penggagahan sudah berakhir, pembinasaan sudah lewat dan orang lalim sudah habis lenyap dari negeri" (Yesaya 16:1-4).

Tanah Moab menunjukkan tanah Yordania di bagian timur Israel. Petra adalah sebuah situs arkeologi di bagian barat daya Yordania, terletak pada lembah Gunung Hor dalam sebuah cekungan diantara gunung-gunung dari sisi timur Arabah (Wadi Araba), lembah yang luas dari Laut Mati sampai Teluk Aqaba. Petra biasanya disamakan dengan Sela yang juga berarti sebuah batu karang, dengan refensi Alkitabiah dalam 2 Raja-raja 14: 7 dan Yesaya 16:1.

Setelah Tuhan datang kembali di udara, Dia akan menerima orang-orang yang telah diselamatkan dan menikmati masa tujuh tahun Pesta Perjamuan Kawin, dan kemudian Dia akan turun ke bumi bersama-sama dengan mereka dan memerintah dunia selama masa Seribu Tahun. Selama tujuh tahun, dari sejak Kedatangan Tuhan yang Kedua di udara untuk Pengangkatan sampai kedatangan-Nya ke bumi, Kesusahan Besar akan menutupi bumi, dan selama tiga setengah tahun kedua masa Kesusahan Besar – selama 1.260 hari, orang-orang Israel akan menyembunyikan diri mereka di sebuah tempat yang disiapkan sesuai dengan rencana Allah. Tempat perlindungan itu adalah Petra (Wahyu 12:6-14).

Mengapa kemudian orang-orang Yahudi memerlukan tempat perlindungan tersebut?

Setelah Allah memilih orang-orang Israel, Israel telah diserang dan disiksa oleh banyak suku bangsa bukan Yahudi. Alasannya adalah karena iblis yang selalu menentang Allah berusaha untuk menghalangi Israel menerima berkat dari Allah. Hal yang sama akan terjadi selama masa akhir dunia.

ketika orang Yahudi menyadari melalui masa tujuh tahun Kesusahan Besar bahwa Mesias dan Juru Selamat mereka adalah Yesus, yang telah turun ke bumi dua ribu tahun yang lalu, dan mencoba untuk bertobat, iblis akan menyiksa mereka sampai akhir untuk mencegah orang-orang Yahudi mempertahankan iman mereka.

Allah, yang mengetahui segalanya, telah mempersiapkan tempat persembunyian bagi umat pilihan-Nya Israel, yang melaluinya Dia menunjukkan kasih-Nya bagi mereka dan tidak akan membuang kasih-Nya yang penuh perhatian bagi mereka. Menurut kasih dan rencana Allah ini, Israel akan memasuki Petra untuk melarikan diri dari para pembunuh.

Seperti yang Yesus katakan dalam Matius 24:16, *"maka orang-orang yang di Yudea haruslah melarikan diri ke pegunungan,"* orang-orang Yahudi akan dapat melarikan diri dari masa tujuh tahun Kesusahan Besar di tempat persembunyian di pegunungan, dan menjaga iman dan meraih keselamatan mereka di sana.

Ketika malaikat kematian menghancurkan semua anak sulung bangsa Mesir, orang-orang Ibrani berhubungan satu sama lain secara rahasia dan cepat dan melarikan diri dari tulah yang sama dengan menaruh darah anak domba pada kedua pintu dan pada kain tiras rumah mereka.

Dengan cara yang sama, orang-orang Yahudi akan

berhubungan satu sama lain dengan begitu cepatnya tentang kemana harus pergi dan pindah ke tempat persembunyian sebelum pemerintah antikristus mulai menangkapi mereka. Mereka akan telah mengetahui tentang Petra karena banyak penginjil telah bersaksi terus menerus tentang tempat persembunyian tersebut, dan bahkan bagi mereka yang belum percaya, mereka akan merubah pikiran mereka dan mencari tempat perlindungan tersebut.

Tempat persembunyian tersebut tidak akan mampu menampung begitu banyak orang. Pada kenyataannya, banyak orang yang telah bertobat oleh Dua Saksi akan gagal untuk bersembunyi di Petra dan tetap memelihara iman mereka selama masa Kesusahan Besar dan kemudian mati sebagai martir.

Kasih Allah Melalui Dua Orang Saksi dan Petra

Saudara dan saudariku yang terkasih, apakah Anda kehilangan kesempatan untuk mendapatkan keselamatan melalui Pengangkatan? Maka, jangan ragu-ragu untuk pergi ke Petra, kesempatan terakhir untuk keselamatan Anda yang diberikan oleh kasih karunia Allah. Segera bencana yang sangat menakutkan akan datang disebabkan oleh antikristus. Anda harus menyembunyikan diri sendiri di Petra sebelum pintu kasih karunia terakhir ditutup oleh kerja keras gangguan antikristus.

Apakah Anda gagal untuk mendapatkan kesempatan memasuki Petra? Maka, satu-satunya jalan bagi Anda untuk meraih keselamatan dan masuk surga adalah untuk tidak menyangkal Tuhan dan tidak menerima tanda binatang "666". Anda harus menang atas segala bentuk penyiksaan yang mengerikan dan mati dengan cara martir. Hal ini sama sekali tidak mudah, tetapi Anda harus melakukannya untuk melarikan diri dari penyiksaan abadi dalam danau api yang menyala-nyala.

Saya sungguh-sungguh berharap agar Anda tidak berbalik dari jalan keselamatan dengan cara setiap saat mengingat kasih Allah yang tak berkesudahan dan untuk mengalahkan segalanya dengan berani. Ketika Anda berjuang dan melawan semua jenis pencobaan dan penyiksaan yang dilakukan antikristus pada Anda, kami saudara laki-laki dan perempuan dalam iman akan sungguh-sungguh berdoa untuk kemenangan Anda.

Tetapi keinginan sejati kami adalah agar Anda menerima Yesus Kristus sebelum semua hal ini terjadi, dan untuk diangkat ke surga bersama-sama dengan kami dan masuk ke Perjamuan Kawin ketika Tuhan kita datang kembali. Kami tak putus-putusnya berdoa dengan air mata kasih supaya Allah akan mengingat tindakan iman dari bapa-bapa iman Anda dan perjanjian yang Dia buat dengan mereka dan memberi Anda kasih karunia keselamatan yang sangat besar sekali lagi.

Dalam kasih-Nya yang besar Allah telah mempersiakan Dua Saksi dan Petra sehingga Anda dapat menerima Yesus Kristus sebagai Mesias dan Juru Selamat dan meraih keselamatan. Sampai kepada saat akhir sejarah umat manusia saya mendorong anda untuk mengingat kasih Allah yang tak berkesudahan yang tidak akan pernah menyerah.

Sebelum mengirimkan Anda Dua Saksi dalam persiapan Kesusahan Besar yang akan datang, Allah Pengasih telah mengirim seorang kudus Allah dan membiarkannya memberitahu Anda apa yang terjadi pada waktu akhir dunia dan membimbing Anda ke jalan keselamatan. Allah tidak ingin satu orang pun dari Anda tetap berada di tengah-tengah masa tujuh tahun Kesusahan Besar tersebut. Bahkan jika Anda tetap tinggal di bumi setelah Pengangkatan, Dia ingin Anda menggenggam dan memegang teguh ikatan terakhir untuk memperoleh keselamatan. Itulah kasih Allah yang sangat besar.

Tidak akan lama sebelum masa tujuh tahun Kesusahan Besar dimulai. Dalam kesengsaraan terbesar yang tidak pernah ada sebelumnya di sepanjang sejarah umat manusia, Allah kita akan memenuhi rencana kasih-Nya bagi Anda, Israel. Sejarah perkembangan manusia akan diselesaikan bersamaan dengan selesainya sejarah bangsa Israel.

Seandainya orang-orang Yahudi mengerti kehendak sejati Allah dan segera menerima Yesus sebagai Juru Selamat mereka. Maka, bahkan jika sejarah bangsa Israel ditulis dalam Alkitab harus diperbaiki dan ditulis kembali, Allah akan sangat senang hati melakukannya. Itu karena kasih Allah bagi Israel diluar dari apa yang dapat dibayangkan.

Tetapi banyak orang Yahudi telah pergi, sedang pergi dan akan pergi dengan jalan mereka sendiri sampai mereka menemukan waktu yang kritis. Allah Mahakuasa yang mengetahui segalanya yang akan terjadi di masa depan telah menetapkan kesempatan terakhir bagi keselamatan Anda dan membimbing Anda dengan kasih-Nya yang tak berkesudahan.

Sesungguhnya Aku akan mengutus nabi Elia kepadamu menjelang datangnya hari TUHAN yang besar dan dahsyat itu. Maka ia akan membuat hati bapa-bapa berbalik kepada anak-anaknya dan hati anak-anak kepada bapa-bapanya supaya jangan Aku datang memukul bumi sehingga musnah (Maleakhi 4:5-6).

Saya memberikan segala syukur dan kemuliaan kepada Allah yang membimbing kepada jalan keselamatan tidak hanya untuk bangsa Israel, umat pilihan-Nya, tetapi juga kepada semua bangsa dengan kasih-Nya yang tak berkesudahan.

Penulis
Dr. Jaerock Lee

Dr. Jaerock Lee dilahirkan di Muan, Propinsi Jeonnam, Republik Korea, pada tahun 1943. Pada umur dua puluhan, Dr. Lee menderita berbagai penyakit yang tidak tersembuhkan selama tujuh tahun dan menunggu kematian tanpa ada harapan untuk pulih. Pada suatu hari di musim semi tahun 1974, ia dibawa ke gereja oleh saudara perempuannya dan saat ia berlutut untuk berdoa, Allah yang Hidup menyembuhkannya dari semua penyakit.

Mulai saat itu Dr. Lee bertemu dengan Allah yang Hidup melalui pengalaman yang menakjubkan itu, ia telah mengasihi Allah dengan segenap hati dan ketulusan, dan pada tahun 1978 ia dipanggil untuk menjadi pelayan Allah. Ia berdoa dengan sangat sehingga ia dapat memahami kehendak Allah dan melakukannya dengan sepenuhnya, dan menaati semua Firman Allah tersebut. Pada tahun 1982, ia mendirikan Gereja Pusat Manmin di Seoul, Korea, dan tidak terhitung pekerjaan Allah, termasuk mukjizat dan penyembuhan ajaib, telah terjadi di gerejanya.

Pada tahun 1986, Dr. Lee ditahbiskan sebagai pendeta pada Pertemuan Tahunan dari Gereja Jesus' Sungkyul di Korea, dan empat tahun kemudian yaitu pada tahun 1990, khotbahnya mulai disiarkan ke Australia, Rusia,

Filipina, dan banyak negara lain melalui Far East Broadcasting Company, Asia Broadcast Station, dan Washington Christian Radio System.

Tiga tahun kemudian yaitu pada tahun 1993, Gereja Pusat Manmin dipilih sebagai satu dari "50 Gereja Terkemuka Dunia" oleh majalah *Christian World* (AS) dan ia menerima Doktor Kehormatan Teologia dari Christian Faith College, Florida, AS, dan pada tahun 1996 sebuah gelar Ph.D dalam Pelayanan dari Kingsway Theological Seminary, Iowa, AS.

Sejak tahun 1993, Dr. Lee telah mempimpin misi dunia melalui banyak Kebaktian Kebangunan Rohani (KKR) luar negeri di AS, Tanzania, Uganda, Jepang, Pakistan, Kenya, Filipina, Honduras, India, Rusia, Jerman, dan Peru. Pada tahun 2002, ia disebut "pendeta seluruh dunia" oleh koran-koran Kristen utama di Korea untuk pekerjaannya dalam berbagai KKR Gabungan Akbar di luar negeri

Pada bulan Februari 2012, Gereja Manmin Pusat memiliki kongregasi dengan jumlah jemaat lebih dari 120.000 orang. Ada 10.000 gereja cabang domestik dan luar negeri di seluruh dunia, dan sejauh ini telah mengirimkan 129 misionaris ke 23 negara, termasuk Amerika Serikat, Rusia, Jerman, Kanada, Jepang, Cina, Prancis, India, Kenya, dan banyak lagi.

Hingga tanggal penerbitan buku ini, Dr. Lee telah menulis 64 buku, termasuk buku laris *Merasakan Kehidupan Kekal Sebelum Kematian* (Tasting Eternal Life before Death), *Hidupku, Imanku I & II* (My Life My Faith I & II), *Pesan Salib* (The Message of The Cross), *Ukuran Iman* (The Measure of Faith), *Surga I & II* (Heaven I & II), *Neraka* (Hell), dan *Kuasa Allah* (The Power of God). Tulisan-tulisannya telah diterjemahkan ke dalam lebih dari 72 bahasa.

Kolom-kolom Kristennya muncul di *The Hankook Ilbo, The Chosun Ilbo, The JoongAng Daily, The Dong-A Ilbo, The Munhwa Ilbo, The Seoul Shinmun, The Kyunghyang Shinmun, The Hankyoreh Shinmun, The Korea Economic Daily, The Korea Herald, The Shisa News,* dan *The Christian Press.*

Saat ini Dr. Lee adalah pemimpin dari banyak organisasi dan asosiasi misi: termasuk Komisaris dari The United Holiness Church of Korea, Presiden dari Manmin World Mission; Presiden Tetap dari The World Christianity Revival Mission Association; Pendiri dan Ketua Dewan dari Global Christian Network (GCN), Pendiri dan Ketua Dewan dari The World Christian Doctors Network (WCDN), serta Pendiri dan Ketua Dewan dari Manmin International Seminary (MIS).

Surga I & II

Dr. Jaerock Leen omaelämäkerta, joka välittää lukijoilleen kauniin hengellisen aromin. Leen elämän on perustunut Jumalan rakkauteen hänen kerran koettua pimeyden tummat aaallot, sen kylmän ikeen ja syvimmän epätoivon.

Hidupku Imanku I & II

Autobiografi Dr. Jaerock Lee yang memberikan aroma rohani yang paling wangi kepada para pembacanya, karena kehidupannya disarikan dari kasih Allah yang mekar dalam gelombang gelap, kuk yang dingin, dan keputusasaan paling mendalam.

Pesan Salib

Pesan kebangunan penuh kuasa bagi semua orang yang tertidur secara rohani! Di dalam buku ini Anda akan menemukan alasan mengapa Yesus menjadi satu-satunya Juru Selamat dan kasih sejati Allah.

Ukuran Iman

Tempat tinggal seperti apakah, serta mahkota dan upah yang bagaimana yang disediakan bagi Anda di surga? Buku ini memberikan dengan hikmat dan bimbingan bagi Anda untuk mengukur iman Anda dan menanam iman yang terbaik dan paling dewasa.

Neraka

Sebuah pesan yang sungguh-sungguh kepada seluruh umat manusia dari Allah yang tidak ingin satu jiwa pun jatuh ke kedalaman neraka! Anda akan menemukan kenyataan yang-belum-pernah-terungkap-sebelumnya mengenai Hades (dunia orang mati bagian bawah) dan neraka.